EQUILÍBRIO E RECOMPENSA

LOURENÇO PRADO

EQUILÍBRIO
E
RECOMPENSA

**Editora
Pensamento**
SÃO PAULO

Copyright © 1997 Editora Pensamento-Cultrix Ltda.

1ª edição 1997.

18ª reimpressão 2013.

Nas edições anteriores, em tudo e
por tudo idênticas à atual, este livro
foi denominado de *Adquiri Vosso
Equilíbrio.*

Todos os direitos reservados. Nenhuma parte deste livro pode ser reproduzida ou usada de qualquer forma ou por qualquer meio, eletrônico ou mecânico, inclusive fotocópias, gravações ou sistema de armazenamento em banco de dados, sem permissão por escrito, exceto nos casos de trechos curtos citados em resenhas críticas ou artigos de revistas.

Direitos reservados
EDITORA PENSAMENTO-CULTRIX LTDA.
Rua Dr. Mário Vicente, 368 – 04270-000 – São Paulo, SP
Fone: (11) 2066-9000 – Fax: (11) 2066-9008
E-mail: atendimento@editorapensamento.com.br
http://www.editorapensamento.com.br
Foi feito o depósito legal.

ÍNDICE

Prefácio	7
Sois senhor de vós mesmo	11
Cultivo da atitude calma	17
Importância de vosso equilíbrio	23
O problema de vossa recompensa	29
Vossas forças morais	35
A perda de energia	41
Quem é responsável?	45
"Onde não há visão, o povo perece"	49
Para entrar no silêncio	53
Transformação de vosso destino	61
A imaginação criadora	67
A acumulação das energias vitais	71
Vosso suprimento	75
A perfeita paz e poder internos	79
Efeitos da atitude mental sobre as condições físicas	83
A respiração consciente	89
A consciência de posse	93
Descoberta e realização de vosso ideal	101

PREFÁCIO

Ao escrever esta obra, tive em mira ensinar-vos os métodos expostos pelos mestres da psicologia oculta para exercerdes um domínio completo de vossas forças físicas e mentais, por meio do qual podereis estabelecer canais de forças para atrair-vos tudo quanto desejardes. Viveis num oceano de forças ilimitadas, porém, é preciso realizardes vosso equilíbrio para poderdes aplicá-las aos fins especiais que tiverdes em vista.

Sem o equilíbrio, vossas forças serão emitidas desordenadamente, perturbando o vosso campo mental e atraindo todas as infelicidades, antipatias e obstáculos.

A menor discordância no campo magnético de vosso ambiente mental produzirá curtos-circuitos nas linhas de vossas forças psíquicas, cujos efeitos se precipitarão no plano de vossa existência material ou das coisas visíveis.

Todas as coisas existentes são constituídas de dois pólos: um visível e outro invisível, e existe um ponto de contato em que a passagem de um pólo para outro é extremamente fácil.

Assim como o mais duro diamante tem um ponto sensível em que é fácil decompô-lo, as condensações mais endurecidas de vosso destino poderão ser dissolvidas por meio da luz espiritual canalizada pela vossa mente para esse fim e podereis formar novos ideais reunindo vossas forças num centro de condensação, por meio do qual se dará a expressão material.

O melhor meio, porém, para dissolverdes uma condensação inconveniente ou um destino desagradável é dirigirdes e concentrardes todas as vossas forças num ideal novo e bem definido, que corresponda exatamente às vossas aspirações. Assim, toda a vida que derdes a esse ideal, será desviada da condensação inconveniente, a qual se dissolverá facilmente pela falta de sustento.

Porém, para executardes este exercício, é preciso governardes as vossas forças e só podereis fazê-lo pelo domínio de vossos pensamentos, pois estes constituem os canais de emissão daquelas, de acordo com as faculdades que entrarão em ação para a realização do objeto visado.

Este fato dá uma importância capital à realização de vosso equilíbrio pelos processos indicados nestas páginas.

À proporção que atingirdes o equilíbrio das forças que se manifestam por uma determinada faculdade, ireis exercendo vosso poder de "escolher" o que quiserdes receber do campo mental próprio dessa faculdade.

Assim, podereis atrair do campo da Vida, uma vida maior; do campo da Riqueza, maior riqueza; do campo do Amor, mais amor, pois existem, no mundo invisível, regiões, campos ou armazéns de infinita extensão de todas essas coisas.

Iniciai a aplicação de vosso equilíbrio naquelas coisas de que sentirdes intimamente maior necessidade, procurando sentir a "posse" delas com prazer e alegria, porque isto vos levará a resultados mais rápidos.

Vigiai constantemente os vossos pensamentos, palavras e atos para que passe o que seja negativo, porque só o que for positivo terá capacidade criadora e construtiva.

Se seguirdes metodicamente os princípios explanados nesta obra, incontestavelmente, dentro de poucos meses, tereis operado notável transformação em vossa existência, como sinceramente vos desejo.

O Autor

Para alcançardes vosso bem	105
Importância da atitude mental	113
A vida simples	117
"Procurai e achareis"	121
A renovação da vida	125
Realização da consciência espiritual	129
A mentalidade crística nos negócios	151

SOIS SENHOR DE VÓS MESMO

Serdes senhor de vós mesmo é terdes completo domínio consciente de todos os atos de vossa personalidade. Nessa posição, podereis impedir todo movimento mental ou muscular desnecessário ou prejudicial e criar todo movimento construtivo que desejardes. Para alcançardes esse domínio, devereis dar ao vosso Eu Real e Interno o vosso primeiro pensamento, o vosso pensamento principal, o vosso mais profundo pensamento e a *alma* de todo o vosso pensamento.

Estabelecereis o centro de vossa ação consciente na vida maior e interna, obtendo assim o poder de fazerdes justiça a cada fase da vida.

Ao vosso ser externo, devereis apenas dar uma atenção secundária, embora isso não designe que tereis de negligenciar de qualquer forma a vida objetiva ou física.

Invariavelmente expressareis aquilo de que vos tornardes consciente; portanto, quando viverdes conscientemente na vida maior íntima, naturalmente expressareis uma medida maior de vida e vosso ser exterior será melhor suprido e cuidado do que se viverdes superficialmente.

Ao viverdes na vida maior e interna, a vossa entidade se tornará perfeitamente constituída e senhora de si mesma, porque estareis na consciência de vosso Eu Real e Senhor de todas as vossas forças. Ele manterá o equilíbrio de vossas forças, impedindo todo movimento desnecessário de vossa mente e de vosso corpo, evitando assim o desperdício de energia.

Se tiverdes o hábito de desassossego, nervosidade e desgoverno de vossos atos, isso indicará que vossa mente estará vivendo habitualmente na superfície, não tendo contato com a maior e superior vida interna.

Quando fordes senhor de vós mesmo, fareis somente o que quiserdes fazer e quereis fazer o que poderá aumentar a alegria, o valor, o poder e a grandeza da vida. Então, todos os vossos atos serão governados e dirigidos para promover o grande propósito em vista. Contudo, ao procurardes suspender vossos atos superficiais desnecessários, podereis ir ao outro extremo e vos tornar demasiadamente tranqüilo.

Não devereis concluir que a existência pacífica seja a única vida verdadeira, apesar da descoberta de que só podereis atingir a consciência superior na calma perfeita, que, embora seja uma das coisas essenciais para a aquisição de estados mentais maiores e superiores, não é a única coisa essencial.

Tornar-vos simplesmente calmo pela vossa crença de que a sabedoria e o poder vos virão no silêncio, não poderá produzir a realização de vosso desejo, porque dessa forma descuidareis de um dos maiores princípios envolvidos na realização de vossos desejos, o qual é o seguinte: nada podereis realizar sem o *emprego* consciente do poder.

Para adquirirdes mais poder, devereis aplicar construtivamente o poder que já possuís; porém, ele não agirá construtivamente, a não ser que a paz e a calma que tiverdes sejam vivificadas pela posse presente do poder.

Simplesmente pela calma, não podereis impedir o usual desperdício de energia e somente adquirindo vosso equilíbrio, alcançareis esse resultado, o qual provirá de combinardes todos os vossos poderes com a mais perfeita paz que puderdes realizar nas profundezas da vida interna e maior.

A consciência da paz e a consciência do poder são duas fases distintas de consciência. Elas poderão existir em vossa mente ao mesmo tempo e será somente quando forem *combinadas* que estareis em vosso equilíbrio e tereis a mais profunda paz unida ao maior poder que podereis conseguir.

Na tranqüilidade, tereis a consciência da paz; no esforço, tereis a consciência do poder; porém, em nenhuma delas somente, tereis o equilíbrio e, se não tiverdes as duas, perdereis parte de vossas forças. Pela atitude esforçada, perdereis vossas forças, na mesma forma que pela tranqüilidade negativa.

Se vossa mente for negativa, não podereis conservar a energia, porém, se ela for positiva, naturalmente a conservareis, desde que a vossa atitude positiva seja profundamente serena, ao mesmo tempo que imensamente forte.

Quando a consciência da paz e a consciência do poder estiverem perfeitamente unidas em vós, tereis um novo estado de consciência, que será a base de vosso equilíbrio. Essa consciência deverá ser o assunto de vosso futuro desenvolvimento, tornando-se um dos principais fatores da manifestação de vossa grandeza real.

Ao começardes a mudar o centro de vossa consciência do plano da superfície agitada para o da ação serena e interna, *vivendo* no eu maior e interior, começareis a combinar esses dois estados de consciência e a aumentar o vosso equilíbrio.

Aprendereis mais a arte de viver no vosso eu maior e mais profundo, cultivando a profunda satisfação da alma e a atitude de contentamento ininterrupto.

Isso poderá parecer-vos difícil, quando tudo na vossa vida seguir um caminho que não desejardes, porém, devereis lembrar-vos que a felicidade não provém das coisas ou das circunstâncias. A felicidade não provém de terdes muito, mas sim de serdes muito, pois, sendo muito, evidentemente possuireis muito.

Sentirdes a vida íntima de contentamento real e satisfação da alma é colocardes vosso organismo na posição em que tenderá a reter seu próprio poder, ajudando-vos diretamente em dar o maior poder exigido para fazerdes que tudo em vossa vida se torne o caminho que desejardes ter.

Se cultivardes uma satisfação profunda e da alma, vossa consciência do equilíbrio aumentará e vossa mente terá uma idéia mais clara do que realmente é e podereis senti-lo.

Quanto mais perfeita for a vossa consciência do equilíbrio, mais rapidamente podereis trabalhar e mais perfeita será a qualidade de vosso produto. Desde que tenhais sete ou oito horas de sono, ao trabalhardes em equilíbrio, nunca ficareis cansado. Se conservardes sempre vosso pensamento em equilíbrio, sentireis sempre que vosso pensamento será calmo e forte.

Pensardes em equilíbrio é uma arte de grande valor, que vos ajudará notavelmente no desenvolvimento de vossa capacidade, talento e gênio, dilatando e aprofundando a vida de todo vosso pensamento, até vossa capacidade mental tornar-se praticamente ilimitada.

Para cultivardes essa arte, dai sentimento de equilíbrio a todo pensamento vosso e, gradualmente, todo o processo de vosso pensamento entrará na própria vida do equilíbrio.

Poderdes falar em público em estado de equilíbrio é uma aquisição de maior valor que podereis conseguir. O orador público que puder falar em estado de equilíbrio, penetrará na própria alma de seu auditório e cada uma de suas palavras expressará convicção.

Notareis que as palavras que expressardes no estado de equilíbrio serão as que produzirão efeitos reais sobre o público. Essas palavras transportarão poder — poder que penetrará na própria profundeza das coisas e fará o que desejardes que faça.

Ao falardes em público, cada palavra vossa deverá provir das grandes profundezas de vossa existência interior, e levar consigo a qualidade superior e o poder ilimitado do mundo maior interno.

Toda palavra vossa deverá dar expressão à suprema plenitude da vida interior, não à vacuidade da vida superficial; deverá ser a voz do grande eu interno e não do eu exterior.

Outra aquisição de valor excepcional é poderdes ler em equilíbrio. Escolhei o melhor assunto para promover o vosso progresso e maior bem-estar, lendo muito calma e lentamente, a princípio. Compenetrai-vos de que não é a quantidade de palavras que lerdes que terá valor, mas sim a qualidade e quantidade de conhecimento que adquirirdes do que lerdes. Procurai expressar o sentimento que adquirirdes do que lerdes. Procurai expressar o sentimento de equilíbrio em cada palavra que mentalmente proferirdes e esforçai-vos em discernir a significação íntima de toda afirmação que passar pelos vossos olhos.

Isso desenvolverá tanto a profundeza como a calma de vossos sentimentos e, ao sentirdes ao mesmo tempo calma e profundamente, estareis a caminho do equilíbrio. Assim, ao começardes a ler, logo entrareis naturalmente em equilíbrio e podereis aumentar gradualmente vossa rapidez, conservando no mais perfeito grau o vosso equilíbrio.

A prática de lerdes em equilíbrio tanto economizará vossas energias como desenvolverá a clareza e profundeza de vosso pensamento, permitindo vossa mente alcançar uma compreensão melhor e maior do assunto em questão. Ela produzirá também o pensar calmo e deliberado, que, por sua vez, vos levará a uma visão penetrante e juízo superior.

Outra prática cujo valor vos será incalculável é entrardes no sono em equilíbrio. Para alcançardes o repouso que desejardes obter pelo sono, vossa mente deverá estar em equilíbrio ao passar do estado consciente para o subconsciente.

Para entrardes no sono em equilíbrio, relaxai vossa mente e vosso corpo, compenetrai-vos da plenitude da silenciosa vida íntima, passai para a paz, a calma e a satisfação e *senti* que estais progredindo cada vez mais no reino belo e íntimo "em que habita a alma serena".

Não vos esforceis, porém, para aquietar-vos; simplesmente entregai-vos à calma e à quietação vivas e, dentro de poucos momentos, estareis nos braços ternos de um sono agradável. Tereis, então, entrado no admirável reino interno e, enquanto o vosso corpo estiver dormindo, VÓS mesmo realizareis muita coisa.

Quanto mais perfeito for o vosso equilíbrio, ao entrardes no sono, mais força ganhareis nele e mais perfeitamente vosso subconsciente corresponderá a qualquer impressão ou desejo que possais ter na ocasião.

Para desenvolverdes os notáveis talentos e poderes que a nova psicologia descobriu na grande fonte interna de vossa mente, é indispensável adquirirdes vosso equilíbrio pelo domínio de vós mesmo, no qual o vosso EU REAL será o Senhor, pois só dessa forma o vosso desenvolvimento interno poderá ser executado perfeita e cientificamente.

CULTIVO DA ATITUDE CALMA

A conservação de uma atitude mental calma dependerá da ação de vossa mente sobre os seus principais estados, esse estado sendo um dos mais importantes que devereis adquirir. Quando vossa mente viver, pensar e agir num estado em que nada do exterior possa perturbá-la, conseguireis o fundamento íntimo de vosso verdadeiro equilíbrio e exercereis um domínio perfeito sobre todas as forças de vosso organismo.

Então, nada mais poderá produzir agitação em vosso corpo nem ansiedade em vossa mente e podereis passar por todas as espécies de experiências, sem vos afastardes um só momento do positivo e profundo estado de serenidade de alma em que podereis dizer: — "Nada dessas coisas me move".

Podereis adquirir esse estado superior, porém, não será necessário para isso qualquer endurecimento de vossa sensibilidade. Pelo contrário, quanto mais perfeitamente governardes as forças da vida, mais fina e ativa será a vossa sensibilidade. Nesse estado calmo e de perfeito domínio, percebereis tudo, porém, nada vos perturbará, pois a harmonia de vossa vida será tão forte e tão profunda que a discórdia não poderá afetá-la. Não mais sereis movido pelas coisas e tereis o poder de movê-las conforme desejardes.

Para cultivardes a atitude calma, colocai-vos, uma ou duas vezes por dia, durante uns vinte minutos, num estado absolutamente calmo. Não vos bastará estardes quietos; procurai sentir a vida íntima e o poder invencível do estado calmo. Não procureis apenas o lugar em que possais ter calma, porém, procurai, no vosso íntimo, o lugar em que vos sintais, ao mesmo tempo, forte e calmo.

Enquanto executardes este exercício, formai na vossa mente a mais perfeita concepção que puderdes da atitude calma e senti mentalmente que estais nessa atitude. Depois de alguns dias deste exercício, começareis a ter consciência do estado de serenidade e sentireis uma paz interna, que será altamente confortadora e, ao mesmo tempo, perfeitamente viva. Isso designará que estareis formando dentro de vós um estado que será tão forte e positivo quanto sereno.

O valor da imagem mental em relação a este ponto, será muito grande, da mesma forma que em tudo o que desejardes realizar. Podereis não ter pensado nisso, porém, todas as coisas de valor que o homem fez, começaram numa pintura mental. As mentes despertadas da atualidade reconheceram este fato e, por tal motivo, a pintura mental está desenvolvendo-se numa grande arte. Podereis concluir positivamente que aqueles que negligenciarem a aplicação dessa arte, ficarão retardados.

Para entrardes no estado calmo, relaxai, de um modo completo, vosso corpo e vossa mente, dirigi vossa atenção para as profundezas de vossa entidade íntima, sabendo que elas são calmas — absolutamente calmas — exatamente como as profundezas do mar.

Depois de terdes aplicado alguns momentos ao profundo silêncio íntimo, abri completamente a vossa mente ao pensamento silencioso que naturalmente se seguirá e compenetrai-vos de que esse pensamento animará todo átomo de vosso ser com o forte, positivo e silencioso estado que começastes a estabelecer plenamente.

Entretanto, se vos esforçardes muito para produzir esse estado, não conseguireis desenvolvê-lo. Ele não vos virá pelos esforços que fizerdes para obter a calma, mas sim por *serdes calmo*. Sereis calmo, quando puderdes viver constantemente em contato com as grandes profundezas de vossa própria entidade, as quais sabeis que sempre *são calmas*.

Devereis lembrar-vos que a vossa maior capacidade mental provirá da mais potente e silenciosa força vital e que esta se expressará apenas quando viverdes em perfeito contato com os poderes ilimitados de vosso íntimo silencioso.

Deverá ser eliminada completamente de vossa mentalidade a crença de que devereis fazer grandes esforços para fazerdes grandes coisas. A verdade é inteiramente o contrário: combinardes vossa atitude calma com uma atitude fortemente positiva. Se viverdes constantemente num estado sereno, fareis assim melhor trabalho, vivereis muito mais e gozareis a vida em grau maior.

A razão disso está no fato de que a mente serena não só economizará suas forças no trabalho atual e construtivo, mas também estará em contato com as profundezas da vida real e é desta que provirão o valor, o poder e a felicidade reais.

Vinte minutos de exercícios, feitos uma ou duas vezes por dia, para o fim de ficardes absolutamente calmo, se forem convenientemente realizados, estabelecerão em vós, em poucas semanas, a atitude calma, e se prosseguirdes fielmente nesta prática, serdes sereno se tornará uma segunda natureza vossa.

Outra prática de valor excepcional é concentrar-vos tranqüilamente no centro de vosso cérebro, todas as noites, ao deitar-vos. Este exercício deverá durar alguns minutos e consistirá principalmente em atrairdes para ele as forças mais finas de vossa mente.

Este método ajudará notavelmente o desenvolvimento de vosso equilíbrio e será também um remédio para todas as formas de nervosidade, curando completamente a insônia. Será um auxílio presente para vencerdes toda espécie de perturbações físicas ou mentais e poderá afastar quase instantaneamente toda espécie de dor ou moléstia na cabeça.

É fato conhecido que a nervosidade, tanto branda como extrema, é produzida por vibrações discordantes nas forças nervosas. Como todas essas forças nervosas provêm do centro cerebral, suas vibrações poderão ser modificadas, se agirdes sobre o centro nervoso de acordo com as vossas necessidades.

Ao ser produzido no vosso centro cerebral um estado mental de paz e harmonia perfeitas, as vibrações de vossas forças nervosas se tornarão pacíficas e harmoniosas. Essas forças, ao passarem por um lugar que seja absolutamente calmo, perderão sua discordância e levarão o repouso, a harmonia e a paz a todos os nervos de vosso organismo. Para economizardes o poder gerado pelo vosso organismo, devereis afastar todas as formas de nervosidade, porque toda ação nervosa é uma fenda através da qual vossa energia vital escapará, porém, o método que acabo de apresentar-vos fechará todas as fendas e eliminará completamente a vossa nervosidade.

Podereis localizar vosso centro cerebral num ponto médio entre as aberturas dos ouvidos, isto é, na região em que o cordão espinhal se une com o cérebro. A força nervosa passa do cérebro para o cordão espinhal e deste para todas as partes do corpo.

A natureza das vibrações de vossa força nervosa é determinada pelas condições de vosso centro cerebral, porque este centro é o centro de expressão para essa força, e as condições do centro cerebral são estabelecidas pela ação combinada de todas as condições de vossa mente e de vosso corpo. Por conseguinte, mudando as condições de vosso centro cerebral, mudareis as vibrações de todas as forças que passam por ele, dirigindo-se às diversas partes de vosso corpo.

Ao agirdes com a vossa mente sobre o vosso centro cerebral e produzirdes uma harmonia perfeita nesse ponto, fareis que as vibrações de todas as forças nervosas, ao passarem pelo centro cerebral, se tornem harmoniosas e, assim como forem no centro cerebral, também serão em todo o vosso organismo.

Por esse motivo, desde o momento em que um estado de calma profunda se forma no vosso centro cerebral, uma paz e harmonia perfeitas reinarão em todos os átomos de vosso corpo. Portanto, quando souberdes o modo de estabelecer o equilíbrio no vosso centro cerebral, podereis remover instantaneamente toda discórdia, perturbação, excitamento e nervosidade de vosso organismo. Produzi a paz em vosso centro cerebral e toda a vossa personalidade ficará em paz nesse mesmo momento.

Ao vos concentrardes sobre vosso centro nervoso cerebral, o objetivo que devereis ter será imprimir de tal forma a atitude de calma que a calma absoluta seja realizada na própria profundeza da vossa atividade mental. Por outras palavras, toda a região de vosso centro cerebral e ao redor dela deverá ficar calma até no próprio centro de vida mental. Realizareis isso, concentrando-vos com sentimento profundo e tendo constantemente no vosso pensamento os mais íntimos elementos da vida.

Durante este exercício, será absolutamente necessário atrairdes branda e firmemente todas as forças mais finas de vossa mente para o centro cerebral, porque será a ação tranqüila dessas forças que produzirá a quietação do vosso próprio centro de vida mental e será quando a harmonia *minar* a discórdia que esta deixará de existir.

Se não conseguirdes atrair as mais finas forças mentais para vosso centro cerebral, ao executar esse exercício, a causa disso estará na falta de sentimento ou em que vossos sentimentos não sejam suficientemente profundos para tocar nos elementos das coisas. Contudo, podereis realizar esse sentimento profundo, se *pensardes* sobre as forças mais finas que penetram a substância das coisas e entrando calmamente na própria alma desse pensamento.

Se pensardes convenientemente nessas forças mais finas, vossa consciência entrará em contato com elas, e quando vossa consciência entrar em contato com qualquer força, esta se expressará e seguirá o mais forte desejo de vosso coração, na ocasião.

Para aplicardes este método com resultados imediatos, devereis combinar vossa concentração com a respiração física. Ao inalardes o ar nos pulmões, fazei um leve esforço mental para atrairdes as mais finas forças de vossa mente para o centro nervoso, e, ao exalardes o ar dos pulmões, relaxai vossa mente e vosso corpo, e fazei que essas forças mais finas desçam através dele.

A respiração física deverá ser calma e branda, ao mesmo tempo que plena, profunda e de natureza abdominal. Ao inalardes, primeiramente dilatai a parte inferior do peito (inclusive o ventre); em seguida, enchei de ar, gradualmente, as partes superiores até que todo o peito esteja repleto. Ao exalardes, esvaziai primeiramente a parte inferior, contraindo a parte inferior do peito.

Toda a atividade desta respiração deverá ser plena e branda, evitando todo esforço excessivo da mente e dos músculos. Enchei plenamente os pulmões, porém, não os façais dilatar. Aplicai as forças de vossa mente até o último limite, porém, não procureis fazer mais, embora possais aumentá-las gradualmente.

Executada desta forma, a combinação da respiração de oxigênio com o que podereis denominar respiração mental de energias mentais, se tornará um exercício cujo valor não poderá ser igualado pelo de qualquer outro exercício atualmente conhecido.

Por conseguinte, se quiserdes alcançar um *perfeito equilíbrio* e *maior poder*, devereis aprender perfeitamente este método e executá-lo fielmente. Podereis executá-lo a qualquer hora, porém a melhor ocasião é à noite, ao deitar-vos, pois, então, se seguirá invariavelmente o sono mais restaurador e refrigerante.

Ao vos sentirdes a ponto de ficardes nervoso, agitado, excitado ou perturbado, executai este exercício, pois assim essas condições serão afastadas e conservareis vossa energia e domínio próprio.

IMPORTÂNCIA DE VOSSO EQUILÍBRIO

Para obterdes resultados em vossa vida, seja o que for que desejardes alcançar, ser-vos-á necessário, em primeiro lugar, um aumento contínuo de vosso poder e força.

Para alcançardes muito, será necessário conseguirdes progressivamente cada vez mais, pois o vosso avanço é progressivo, e quanto mais vos elevardes, mais poder vos será necessário para o vosso progresso.

Possuís tanto o desejo como o privilégio de alcançar o mais possível, e certamente receberíeis com grande satisfação qualquer método por meio do qual pudésseis obter esse desenvolvimento contínuo.

A nova ciência da vida descobriu esse método, e o objeto destas lições é levar-vos a aplicar com proveito o método que poderá produzir avanço progressivo.

Esse método é o do *equilíbrio* de vossas capacidades. Não se trata aqui do sentido simples desse termo, mas sim de um sentido mais íntimo, mais profundo, no qual sentireis a serenidade de alma proveniente do poder ilimitado da grande fonte interna.

Em primeiro lugar, o caminho para vosso desenvolvimento perpétuo de poder, está na conservação e uso construtivo daquilo que já possuís e, em segundo lugar, no treino de vossa mente na penetração cada vez mais profunda da vastidão do poder de vosso subconsciente, concedendo, assim, ao vosso organismo uma capacidade crescente para gerar, apropriar-se e acumular mais.

Para realizardes isso, será absolutamente indispensável adquirirdes vosso equilíbrio em seu sentido real e profundo. Tendo alcançado vosso equilíbrio nessas condições, economizareis todas as energias geradas em vosso organismo.

Então, será prevenida e evitada toda perda de vossas forças e poderes, porque o estado de equilíbrio terá a faculdade de conservar em vosso organismo todo poder que possa conter.

Somente este aspecto de vosso equilíbrio já lhe dará um valor que não podereis medir. Podereis formar uma concepção do valor de vosso equilíbrio para conservar vossas energias, ao saberdes que as pessoas comuns perdem de três quartos a nove décimos do poder produzido em seu organismo. Os próprios gigantes mentais do mundo perdem de um a três quartos de suas energias, de modo que o que economizam é que faz a grandeza deles, e que não viriam a ser se economizassem tudo?

A vossa personalidade poderá ser muito bem denominada um dínamo vivo, pois a quantidade de energia produzida numa pessoa de proporções médias e geralmente sadia, é enorme. Podereis deduzir disso que a humanidade toda poderá esperar grandes coisas para quando tiver aprendido a arte de economizar e aplicar todo o poder que possuir em si mesma.

A importância deste assunto não se limita aos mundos da realização e aquisição. A arte de economizardes toda força produzida em vosso organismo tem excepcional valor em todas as formas de atividade tanto físicas como metafísicas.

A investigação fisiológica moderna demonstrou em conclusão que é praticamente impossível ficardes doente, enquanto vosso organismo estiver repleto de energia, e ficou também estabelecido que a maior parte dos males comuns à humanidade deverá ser atribuída à falta de força vital. Esta falta resulta do desperdício de forças e não da incapacidade do organismo para produzir o adequado suprimento de energia. Portanto, torna-se evidente que, se esse desperdício fosse impedido, a moléstia poderia ser totalmente prevenida.

Se fordes pessoa normal, serão produzidas em vosso organismo várias vezes mais energia do que necessitardes regularmente para executar vosso trabalho físico ou mental. Por conseguinte, tendes o poder de fazer tudo o que quiserdes, ficando ainda na posse do mais que suficiente para conservardes a vossa personalidade plenamente repleta. Estes fatos são as grandes realidades da vida atual.

Portanto, nada vos poderá ser mais importante do que a aquisição de vosso equilíbrio, porque ele evitará para vós todo desperdício e perda de energia.

Se vosso organismo estiver repleto de energia, haverá um aumento contínuo de vossa resistência física e capacidade mental, porque um pleno suprimento de poder desenvolverá tudo na esfera desse poder. Nessas condições, vossa mente e todas as suas faculdades e talentos, avançarão constantemente em objetivo, capacidade e eficiência, necessariamente se dando um êxito crescente em vossa vida.

A energia gerada e acumulada em vosso organismo pela economia resultante de vosso equilíbrio, vos impulsionará para a frente, levando-vos a realizações superiores, maiores aquisições e estados superiores de existência, mesmo que nada mais façais para promover vosso progresso.

Certamente tendes a compreensão do fato que, se estiverdes carregados de enormes energias e, na verdade, de hora em hora, sois carregado delas, porém, não as conservais, nada poderá reter-vos em condições inferiores. Porém, sem terdes adquirido vosso equilíbrio, essas energias se dissiparão. O equilíbrio é o vosso estado de existência consciente em que a paz e o poder se combinam perfeitamente. Nesse estado, vosso sentimento de poder será perfeitamente sereno e vosso sentimento de paz se tornará imensamente forte.

Quando vos sentirdes absolutamente calmo e senhor de vós mesmo, ao mesmo tempo sentindo um poder capaz de mover montanhas, estareis em perfeito equilíbrio.

O simples fato de estardes calmo não é suficiente para impedir a perda de vossas forças, pois a força que estiver inativa se perderá, ao passo que a força que estiver num alto estado de calma será conservada.

Se fordes tranqüilo, não sereis mais forte do que se fôsseis agitado ou esforçado, porque, naquele caso, vos faltaria atividade, e, neste, seríeis deficiente na calma e domínio próprio, pois o equilíbrio requer as duas coisas.

Ainda mais, o fato de que a paz ou calma profunda e o poder existam em diferentes partes de vosso organismo, ao mesmo tempo, não prova que adquiristes o equilíbrio ou estais economizando a força.

Estareis num estado real de equilíbrio somente quando todo o vosso organismo *sentir* que a paz e o poder se combinaram tão perfeitamente que se fizeram unos e inseparáveis.

Sentirdes a paz e o poder se combinarem dentro de vós nessa íntima e profunda unidade, é compenetrar-vos da existência de vosso poder interno — o poder que agirá tão silenciosamente que só poderá ser conhecido pelos seus resultados finais, porém, será tão extraordinariamente forte que não haverá resultados que não possa produzir.

Se pretenderdes viver numa existência serena, sem dardes atenção à lei do equilíbrio, podereis adquirir tanta calma em vossa mente que um grande número de vossas faculdades ficará adormecido e a maior parte da força produzida em vosso organismo se perderá, porque não será levada a agir nesse estado calmo que procurareis estabelecer.

Para a conservação de vossa força e a aquisição de vosso equilíbrio, as energias de vosso organismo deverão agir numa atividade calma. Todo ato que não for calmo, desperdiçará vossas energias e todo estado calmo que não estiver em atividade será um estado adormecido.

Portanto, torna-se evidente que quase todos os vossos atos mentais e físicos são desperdiçadores. Até os atos importantes de vossa mente, designados por ambição, entusiasmo e determinação, desperdiçam vossas forças em grau notável.

A verdadeira ambição deverá ser perfeitamente calma e excepcionalmente forte. Quando a ação de vossa ambição não for calma, simplesmente despertará valiosas forças mentais e as desperdiçará.

O mesmo acontecerá com uma determinação repentina e forçada em fazerdes alguma coisa notável, na qual serão despertadas poderosas energias para serem desperdiçadas. Porém, se o vosso poder de determinação for exatamente tão calmo e profundo quanto forte, invariavelmente fareis o que determinastes fazer.

O impulso comum de entusiasmo que sentis é outro meio de despertar vossas energias adormecidas e desperdiçá-las; porém, se o vosso entusiasmo natural adquirisse o equilíbrio e aprendêsseis a aplicar vossos poderes construtivamente, vos tornaríeis um gênio.

As diversas espécies de sensações e atos nervosos, que muitas vezes esgotam as vossas energias, são conseqüências da falta de vosso equilíbrio, constituindo-se canais por meio dos quais perdeis grande quantidade de energia. Porém, adquirindo vosso equilíbrio, toda forma de nervosidade desaparecerá completamente. A raiva, o medo, o desânimo, o emocionalismo, as paixões desgovernadas, os sentimentos excitados e, enfim, todo estado mental em que os atos não contêm o elemento de calma e domínio próprio, são outras tantas formas de desperdício de vossas forças.

O desejo de realizardes atualmente coisas de que não podereis tomar posse no presente será uma direção má aplicada às vossas forças, constituindo um desperdício de grande quantidade de energia. Ao desejardes alguma coisa, certa quantidade de força se precipitará ao órgão de vosso corpo ou à faculdade de vossa mente, a qual deveria naturalmente ser satisfeita, se esse desejo se realizasse. Porém, se esse desejo não se realizar, toda essa energia será perdida, porque nada haverá nesse órgão ou nessa faculdade sobre o que agir.

Se a energia que possuirdes for enviada a qualquer parte de vosso organismo, sem receber alguma coisa para fazer, se dissipará e perderá, a não ser que seja transmitida para outro lugar e entre em atividade. Portanto, se não souberdes operar a transmutação ou transmissão da energia para outras atividades, perdereis toda a força que for colocada em ação pelos desejos que não possam ser satisfeitos no momento.

Contudo, não desejardes agora o que não podereis realizar neste momento, não deverá ser confundido com o vosso desejo ou aspiração de promover melhora. Neste último caso, estareis trabalhando diariamente para alcançar certo grau superior, ao passo que, no primeiro, estareis dirigindo a energia para canais em que nenhuma atividade construtiva poderá dar-se na ocasião.

O caminho normal para vosso desejo é desejardes no momento tudo o que sabeis que podereis gozar no presente e a melhora constante que sabeis que vos dará tudo o que puderdes desejar gozar.

Essa ação de vosso desejo dará às energias de vosso organismo alguma coisa para a qual trabalharem, quando estiverem em atividade. Dessa forma, as energias que recebem alguma coisa definida na qual trabalharem, não só serão conservadas, mas também se acumularão mais.

Podereis ver, pelas considerações precedentes, o alto valor e a utilidade prática que terá para vós a aquisição de vosso equilíbrio.

O PROBLEMA DE VOSSA RECOMPENSA

É fato que existe no mundo muita injustiça e também é verdade que muitos dentre os fortes se aproveitam das fraquezas da multidão; porém, existe um meio pacífico para obterdes o que vos pertence, o qual dependerá inteiramente de vós mesmo.

Não há remédio algum à vista que o mundo todo possa adotar, por meio do qual fique estabelecida a justiça pela lei, porém, podereis relacionar-vos de tal forma ao mundo que vossa recompensa corresponda exatamente ao vosso valor.

Para conseguirdes isso, não devereis dar ao vosso trabalho menos ou mais valor do que o real, nem devereis comparar vossos esforços legítimos com os daqueles que empregam meios contestáveis.

No domínio de vosso destino, devereis eliminar completamente toda espécie de métodos injustos, porque, na criação de vosso futuro, não deverá haver falhas, porque, se as houver, toda a estrutura terá de ser abandonada.

Não haverá sabedoria em estabelecerdes comparação entre vós e aquele que adquire a riqueza minando seu próprio bem-estar futuro.

Não devereis preocupar-vos com o destino desse personagem e se o imitardes, só tereis prejuízos.

Não vos importará se estiverdes ou não ganhando tanto quanto esse indivíduo; a vossa questão deverá ser apenas se estais recebendo ou não pelo vosso valor atual. Se o não estiverdes, devereis encontrar a causa e o modo de removê-la.

Se estiverdes recebendo o que merecereis, aumentai vosso mérito e recebereis mais, porém, se não o estiverdes, procurai a razão disso. Se a culpa estiver em vós, transformai-vos. Se à causa estiver em vosso trabalho atual, empregai-o como degrau para uma coisa melhor.

Provavelmente, a causa de serdes mal pago estará em vós mesmo e o remédio estará em vossa transformação. Podereis estar cometendo o erro de dar maior valor ao vosso trabalho e menos valor a vós mesmo.

Se não derdes o correto valor a vós mesmo, não podereis progredir na vida. Se viverdes uma existência comum e continuardes numa atitude mental ordinária, por mais que trabalhardes e melhor que executardes vosso trabalho, descereis. Existem diversas razões para isso.

O mundo não vos paga somente o produto visível de vosso cérebro e de vossa capacidade. Ele vos paga também por aquilo com que contribuís para a vida.

Se vossa vida pessoal for inferior, dareis à vossa vocação a estampa da inferioridade e onde quer que estiverdes colocado, vos acompanhará uma atmosfera comum, que é tão prejudicial ao progresso de qualquer empresa.

Se estiverdes numa atmosfera de valor, estará guardado para vós maior progresso, porque o mundo reconhece o valor e paga bem para obtê-lo.

Não é somente o vosso trabalho que vale, mas também a vida que o envolve. Não é somente a idéia que expressardes que levará à convicção, mas também as palavras pelas quais as apresentardes. Não é somente a vossa capacidade que chama a atenção do mundo, mas também o modo de apresentá-la.

Se apresentardes vossa capacidade numa atitude grosseira e comum ou vos apresentardes em uma atmosfera de inferioridade, estareis encobrindo a maior parte de vosso valor e capacidade, e apenas sereis pago por aquilo que o mundo pode ver. Por mais hábil que seja vossa mentalidade e brilhante que seja vosso intelecto, seus raios não poderão ser vistos à primeira vista, através da densa atmosfera de negligência e grosseria pessoal, pois o mundo não possui vista penetrante.

Se não derdes valor a vós mesmo e não procurardes expressar o vosso valor em cada pensamento e ato, não podereis rodear-vos de uma atmosfera clara — uma atmosfera que revele o que há de melhor em vós.

Pela vossa própria presença, devereis provar que tendes capacidades superiores e não sois comum, inferior ou vulgar. O mundo exige provas, e seja qual for o vosso vestuário, qualquer pessoa poderá notar se sois um verdadeiro homem.

O mundo está constantemente procurando homens competentes e quando provardes vossa competência, tereis mais oportunidades do que podereis desempenhar.

Se começardes a viver uma vida real tendo tão verdadeiro orgulho em vivê-la quanto o teríeis em construir uma boa máquina, produzireis uma revolução para melhor no mundo industrial e recebereis tudo o que souberdes que mereceis ou valeis. Para determinardes corretamente vosso valor, compenetrai-vos das ilimitadas possibilidades que se acham latentes dentro de vós e vivei na realização das coisas maiores que sabeis que tendes o poder de fazer. Isso produzirá em vossa mente a consciência de superioridade por meio da qual se formarão impressões superiores em vossas mentes. Dessas impressões surgirão pensamentos superiores, que, por sua vez, desenvolverão em vós a superioridade, porquanto sois como pensais.

O permitirdes que vossa mente seja impressionada por tudo o que vosso ambiente possa sugerir é a razão principal para permanecerdes em condições inferiores e continuardes a parecer tão comum como vosso ambiente. Nesse caso, vossos pensamentos serão reflexos de vosso ambiente e sereis semelhantes ao vosso pensamento.

Portanto, devereis diferenciar-vos de vosso ambiente, aprendendo a arte de pensar original e adquirindo a atitude de supremacia própria.

O principal motivo de não serdes compensado convenientemente é não dardes a vós mesmo o vosso valor real, encobrindo pela vossa inferioridade pessoal a maior parte de vossa capacidade. O outro motivo é por trabalhardes apenas pelo ordenado que recebeis. Talvez recusais fazer mais do que é absolutamente necessário, para que outro não seja beneficiado. Essa atitude produzirá o estado embaraçoso, que reagirá sobre vossas condições financeiras.

Se tiverdes receio de fazerdes demais, geralmente fareis muito menos, ou, ao menos, produzireis essa impressão e vossa compensação será proporcionalmente diminuída.

Se fizerdes o melhor que puderdes, sem dardes atenção às condições de vosso ordenado, não só produzireis uma excelente impressão por toda parte, mas também fareis que os que tiverem autoridade sobre vós sintam que desejais fazer o sucesso da empresa.

Então, tereis melhor compensação, pois todos darão valor a homens dessa categoria. Sereis procurado por toda parte, não por fazerdes mais do que vos pagam, mas por serdes uma força viva para o progresso de tudo aquilo em que fordes chamado a agir.

O vosso espírito de sucesso alimentará o sucesso e, se tomardes um vivo interesse pela empresa para a qual trabalhardes, fazendo sempre mais do que for esperado de vós, quando a ocasião o exigir, estareis criando o espírito de sucesso e logo compartilhareis do maior progresso que se seguirá. Se pertencerdes ao número dos mal compensados, provavelmente é porque vos submeteis às vossas condições atuais, permanecendo limitado não só por patrões sem escrúpulos, mas também pelo vosso próprio ambiente e pelas limitações mentais.

Existe grande número de pessoas fracas de que algumas das fortes tiram proveito e é em benefício daquelas que os reformadores exigem a mudança na ordem das coisas. Porém, não é essa mudança que o mundo necessita, é uma *mudança mental,* pois, produzida esta, todas as outras inevitavelmente se seguirão.

Se fordes mal compensado porque vos submetestes ao poder de pessoas sem escrúpulos, procurai deixar de viver na atitude de submissão mental, porém, não combatais os poderes aos quais estais submetido e não resistais à vossa atual condição. Na vossa vida exterior, continuai por algum tempo, porém, mudai completamente vossa vida interna.

Se resistirdes a alguma coisa, é porque a temeis e, se a temerdes, estareis continuamente ligado por ela. Aquilo que combaterdes será por vós atacado com a vossa parte inferior e assim entrareis em contato com a própria coisa que desejardes evitar.

Nunca vos libertareis do inferior, enquanto lhe resistirdes e tudo o que permanecer convosco se imprimirá em vossa mente. Portanto, se resistirdes ao inferior, produzireis a inferioridade em vós. Começai vossa emancipação afastando vossa atitude de submissão; deixai de crer que devereis permanecer na posição inferior em que vos encontrais. Mudai a vossa mente, reconhecei que sois inerentemente senhor de tudo em vosso domínio e resolvei exercer vossa supremacia.

Recusai ser impressionado pelo vosso ambiente e aprendei a imprimir em vossa mente apenas impressões superiores.

Criai de novo vossa mente de acordo com um elevado padrão de poder, capacidade e caráter, e assim reformareis tanto a vós mesmo como a vosso ambiente, porquanto, tornando-vos mais forte e mais competente, sereis chamado para melhor ambiente e maior compensação.

Se fordes mentalmente fraco, permanecereis num ambiente inferior, porque não tereis força para sair dele, e gastareis vossas forças para resistir à adversidade.

Por mais submerso que estiverdes, podereis despertar as vossas forças internas, exercer vossa própria supremacia sobre os vossos pensamentos, e, produzindo vossos próprios pensamentos superiores, podereis elevar-vos gradualmente acima dessas condições, não levando muito tempo para alcançardes tanto a vossa emancipação como a compensação de um lugar melhor na vida.

33

Este é o único método ordeiro de alcançardes a liberdade, a qual será permanente. É também o único método para chegardes a um maior ganho e a melhores condições.

Entretanto, não devereis concentrar demasiadamente a vossa atenção no simples proveito financeiro. O princípio do verdadeiro progresso é a abundância de tudo o que for necessário para produzir uma existência completa em todos os planos conscientes e o aumento perpétuo de todas essas coisas à proporção que a vida avançar.

Porém, sois vós mesmo que devereis criar essas coisas e vosso poder criador aumentará pelo desenvolvimento de vosso caráter, capacidade e domínio de vós mesmo.

VOSSAS FORÇAS MORAIS

Nada produz maior desperdício de energia do que o viver imoral, quer seja no físico quer no mental. Nada há que mais conduza à formação de uma personalidade forte e vigorosa do que a vida de uma existência virtuosa em todos os sentidos desse termo.

Para serdes virtuoso, não devereis pensar em relações sexuais senão nas ocasiões em que essas funções possam agir legitimamente. Dardes vosso pensamento a funções que não poderão agir no momento é dirigirdes vossas energias para canais em que não poderão ser empregadas, sendo assim desperdiçadas.

Não devereis formar um só pensamento que não seja a alma da virtude, pois, ao emitirdes pensamentos licenciosos, desperdiçareis tanta energia que, se fosse convenientemente dirigida, vos faria um gênio.

Pensardes no sexo será criardes certa quantidade de desejo sexual e esse desejo, ao despertar-se, precipitará vossas energias criadoras para os órgãos sexuais, desperdiçando-as, pois toda energia acumulada num órgão que não funcionar nesse momento, perder-se-á inteiramente. Portanto, torna-se evidente que a energia perdida por meio dos pensamentos licenciosos deverá ser realmente enorme.

Em vós existe uma tendência subconsciente a despender diariamente certa quantidade de energia na função procriadora. Por causa dessa tendência, vossa energia estará constantemente fluindo para os órgãos de reprodução simplesmente para ser desperdiçada. Esse desperdício, em muitos casos, será tão grande que a metade da energia produzida em vosso organismo será perdida dessa forma.

Isso sendo um fato real, podereis afirmar seguramente que o mundo poderia ter centenas de vezes mais grandes mentalidades do que existem atualmente, se houvesse melhor compreensão e aplicação das virtudes morais, de que a principal é a prevenção das perdas de energia pela função sexual.

Três coisas são essenciais para o perfeito domínio dessa função: abster-vos, tanto em pensamento como em atos, das relações sexuais ilegítimas, não pensardes absolutamente nos sexos a não ser nas relações sexuais reais e legítimas e vencerdes a vossa tendência subconsciente a produzir um fluxo constante de energia criadora para os órgãos reprodutores.

Será fácil seguirdes o primeiro ponto, isso sendo demonstrado pelo fato de que quase todas as mulheres solteiras e muitas mulheres casadas obedecem a esse ponto essencial. O segundo ponto essencial poderá parecer-vos mais difícil, porém, ao vos convencerdes que todo pensamento de sexo vos causará uma perda de energia, logo despertareis bastante força de vontade para conservardes vossa mente absolutamente livre desse pensar. O terceiro ponto essencial só poderá ser obedecido pela transmutação da energia, que explicarei em outro capítulo.

As vossas tendências subconscientes só poderão ser mudadas ou invertidas pela ação subconsciente e a ação subconsciente necessária para este caso é a transmutação.

Essa tendência subconsciente que tendes, é, até certo ponto, hereditária, porém, a força original dela é intensificada por todo pensamento desvirtuoso que produzirdes.

Sendo hereditária e profundamente enraigada na vossa vida subconsciente, serão necessários esforços persistentes para removê-la, porém, grande será vossa recompensa desse esforço. Normalmente, o resultado será o aumento de vossa capacidade física e mental em mais do dobro.

Para viverem uma existência de absoluta virtude, os solteiros nunca deveriam pensar no sexo, ao passo que os casados deveriam pensar nele apenas nas ocasiões convenientes para o exercício das funções.

Noutras ocasiões, devereis conservar vossas mentes na atitude pura de construção mental e física, sejam quais forem as circunstâncias, afastando todas as sugestões impuras com o pensamento da mais perfeita virtude.

Sentirdes a virtude e *sentirdes* realmente o seu viver interno é economizardes uma grande quantidade de poder, porque, por meio dessa consciência, será estabelecida uma tendência a conservardes no organismo as vossas energias criadoras.

Quando sentirdes a vida real da virtude, o simples pensamento da virtude aumentará o poder de vosso organismo, e esse pensamento neutralizará o efeito temporário de toda sugestão impura que possais encontrar no mundo exterior.

Nunca devereis pensar no sexo das pessoas, mas sim considerá-las como simples pessoas ou, antes, mentalidades de ilimitadas possibilidades. Nada tendes que ver, se elas se expressam como personalidades masculinas ou femininas.

Vosso objetivo deverá ser relacionar-vos mentalmente com o lado superior de todas as personalidades e assim entrardes em mais profunda simpatia e maior compreensão com tudo o que tem qualidade e valor.

Ao dar-vos estas explicações, não tenho em mira dar-vos lições de moral, porém, apenas vos expor um conhecimento claro e científico das forças criadoras que possuís e do uso que podereis fazer delas para vosso bem-estar físico e progresso na vida.

Isso vos levará a outra fase das relações humanas — a associação de uma mente com outra — e a vossa compreensão conveniente desta fase é da máxima importância para conseguirdes vosso equilíbrio.

Ao vosso encontro com outras mentes, se realizarão certas atividades em vossas próprias mentalidades, e, como toda atividade emprega poder, será de suma importância saberdes quais as atividades mentais que dirigem os vossos poderes para os bons atos e quais as que fazem o contrário.

Só existem dois modos pelos quais as mentes poderão encontrar-se: o encontro em harmonia simpática e o encontro em fria resistência. Estas duas atitudes possuem muitos graus diferentes que são apenas modificações de uma ou de outra, não existindo estado mental de contato neutro.

Se resistirdes, perdereis energia, pois toda atitude de luta será desperdício de força. Até o que é denominado justa indignação destrói tanta força vital como uma raiva comum, a qual geralmente esgota o organismo de toda energia que tiver na ocasião. O mesmo se dará em vários graus, com todas as atitudes antagônicas, nas discussões e divergências.

Sejam quais forem as circunstâncias, será erro discutirdes com alguém. Nada podereis ganhar por discussões e argumentações em que as mentes se armam umas contra as outras e só vos farão perder muito tempo, pois essas atitudes dissiparão vossas forças em grau notável.

A atitude mais conveniente será vos conservardes perfeitamente em equilíbrio e em harmonia com todas as pessoas e todas as coisas. Relacionai-vos harmoniosamente com todas as circunstâncias e condições e permanecei em paz com todas as forças, elementos, pessoas e coisas.

Ao sentirdes em vós forças antagônicas, não permitais que sigam suas tendências. Não lhes resistais, porém levai-as delicadamente aos estados de harmonia. O que estiver fora de harmonia, estará em desequilíbrio, porém o que for levado mais profundamente para a verdadeira harmonia, produzirá o desenvolvimento do equilíbrio.

Quando estiverdes para irritar-vos, pensai em alguma coisa amada e conservareis vosso poder e domínio próprio.

Quando estiverdes a ponto de serdes arrastado pelo temor ou a ansiedade, tende fé. Se tiverdes fé, não podereis ter medo, porque a fé revelará o poder capaz de remover a causa do medo.

Quando as pessoas vos apresentarem seu lado inferior, fazei um esforço especial para verdes seu lado superior. Ele está presente e nunca deixareis de encontrá-lo.

Quando as coisas vos parecerem correr mal, entrai em harmonia mental com o ideal, que é sempre justo. Se estiverdes em harmonia com o que for justo, seguireis o caminho justo, e se o seguirdes, as coisas também o seguirão.

Se vos encontrardes em ocasiões muito adversas ou penosas, será porque vosso equilíbrio estará sendo experimentado e, se fordes vitorioso, vossa realização do equilíbrio ficará mais firmemente estabelecida do que anteriormente. Portanto, será vantagem enfrentardes a adversidade de um modo conveniente. Devereis considerar essas ocasiões como oportunidades e tê-las "por motivo de grande gozo".

O modo conveniente para enfrentardes as dificuldades, tanto em relação às pessoas, como às coisas, será dardes, na ocasião, toda a vossa atenção aos pensamentos e sentimentos profundos. Enquanto vossa ação mental for profunda, conservareis vosso equilíbrio, porém, desde o momento em que passar para a superfície, perdereis o equilíbrio.

Esse estado de profunda consciência ou sentimento interno é um dos principais elementos do equilíbrio; por conseguinte, enquanto viverdes na *alma* de uma existência mais vasta e mais profunda, nada poderá desviar-vos do equilíbrio.

Essa atitude de pensar sereno e profundo será indispensável para permanecerdes em harmonia, ao entrardes em contato com outras mentes, porque as condições de vossa mente terão tendência a serem modificadas por aquilo que encontrardes nelas.

Entretanto, a princípio, serão somente os estados superficiais de vossa mente que poderão ser modificados por aquilo que vier de fora; portanto, enquanto permanecerdes na atitude de pensamento sereno e profundo, o vosso equilíbrio será conservado e nada poderá alterar vosso modo de pensar ou agir, sem dardes permissão consciente para isso. Nada poderá perturbar vosso equilíbrio em qualquer tempo.

Os métodos anteriores vos darão o segredo pelo qual evitareis o contato de fria resistência com as outras mentes e vos ensinarão o modo de poderdes estar em harmonia simpática com todas as outras mentes, sem que a vossa mente seja modificada, a não ser de conformidade com a vossa aceitação e desejo.

A PERDA DE ENERGIA

Certamente não tereis dificuldade em compreender que perdeis muita energia nos comuns processos esforçados que aplicais ao trabalho, porém, julgo que vos parecerá difícil acreditar que perdeis quase tanta energia no vosso modo comum de descansar.

Entretanto, isso é um fato. A causa de assim suceder está no fato de que nenhuma parte de vosso organismo poderá descansar, agindo conscientemente sobre vós mesmo para aquietar-vos. Por conseguinte, em lugar de retirardes a vossa ação consciente, continuais a aplicá-la e, portanto, deixais de obter a atitude de descanso.

Antes de qualquer parte de vosso organismo poder descansar, será preciso haver completa inatividade nela, porém, enquanto vossa consciência agir sobre ela, será impossível a inatividade completa, pois vossa consciência continuará a agir em qualquer parte de que fordes consciente. Por esse motivo, enquanto tentardes ficar quietos, nunca podereis aquietar-vos.

A arte de descansar uma parte de vosso organismo, consiste em retirardes a ação consciente dela, quando desejardes fazê-lo, e quando desejardes um descanso geral, em tornar-vos totalmente inconsciente de qualquer plano de ação. Embora isso vos pareça difícil, é a própria simplicidade.

O verdadeiro descanso não é produzido pela tentativa de nada fazer, mas sim pela aplicação em fazer coisa diferente. Nada fazerdes é impossível; portanto, procurardes nada fazer é resistirdes à natureza e resistirdes a alguma coisa é perderdes poder.

O vosso Eu consciente nunca deixa de agir e sempre age sobre alguma coisa. No estado de vigília, essa ação é dirigida para a personalidade, ao passo que, no sono, ela é dirigida para o subconsciente. Não podereis paralisar a ação em si mesma e, se quiserdes que cesse numa parte, devereis dirigi-la para outra parte.

Para dardes descanso a um grupo de músculos, devereis exercer outro grupo. Para dardes descanso a uma parte determinada de vossa mente, devereis pensar em alguma coisa que atraia a vossa atenção para outra parte dela.

Quando toda a vossa mente ou cérebro necessitar de descanso, devereis fazer algum exercício que não necessite de pensamento direto. Esse exercício fará vosso cérebro descansar, ao passo que simplesmente vos sentardes e pensardes no quanto estais cansado, não vos dará descanso algum.

Quando tiverdes de dar descanso a todo o vosso corpo, lede um livro interessante ou pensai em alguma coisa que afaste de um modo completo vossa mente da existência física. Se, por exemplo, entrardes na elevação, beleza e vida silenciosa do puro pensamento espiritual, restabelecereis mais rapidamente a vossa mente e vosso corpo do que por meio de outro método que possais empregar.

Quando quiserdes descansar qualquer faculdade ou função, não procureis forçar vossa consciência a retirar-se dela. Dirigi a vossa atenção para outra parte ou função, com interesse, e vossa consciência a acompanhará, toda atividade sendo completamente afastada da parte que deverá descansar.

Para descansardes toda a vossa personalidade exterior, ides dormir, porém, não o façais da forma comum. Entrardes convenientemente no sono é uma arte nobre, que vos será do máximo proveito, quando a tiverdes aprendido.

Ao entrardes no sono, penetrais na mente subconsciente e executais, nesse estado, uma forma de atividade que é absolutamente necessária. Ao entrardes no sono, tudo o que recebestes durante o estado de vigília será levado para o subconsciente, e, enquanto dormirdes, essas coisas se tornarão partes de vós mesmo.

É durante o sono que formais vosso caráter, capacidade, desejos, motivos, estados de consciência e novas tendências, empregando sempre para isso o material que reunistes durante o estado de vigília imediatamente precedente.

Durante o estado de vigília, reunis materiais, e, durante o sono, tomais esses materiais e vos reconstruís. Por conseguinte, é de suma importância que reunais o melhor material possível e efetueis a reconstrução do vosso subconsciente nas melhores condições possíveis.

Entretanto, toda reconstrução exigirá energia e, para fornecimento dessa construção particular, toda energia produzida em vosso organismo durante o sono, deverá fluir para o subconsciente. Se entrardes no sono em estado de equilíbrio e com propósito definido em vista, isso se efetuará.

Esse propósito deverá ser formado pela concepção clara daquilo que desejardes alcançar ou desenvolver e, nessa ocasião, vossa mente deverá estar repleta de um desejo vigoroso, porém brando, de produzir desenvolvimento durante o sono.

Por meio deste método, obtereis um descanso perfeito para vossa mente e vosso corpo, e será dirigida para bom uso uma boa quantidade de energia que, de outra forma, se perderia, sendo também mais perfeitamente produzido o desenvolvimento subconsciente.

Pelo exposto, torna-se evidente que a arte de descansar se realiza dando ao Eu consciente alguma coisa definida para fazer em outra parte do organismo, enquanto as partes que estiveram em atividade descansam.

Devereis lembrar-vos, em relação a isso, que, se o vosso Eu consciente nada tiver a fazer, todo o excesso de energia gerado em vosso organismo na ocasião, se perderá. Portanto, nos momentos em que não estiverdes empenhado em regular trabalho construtivo, devereis dirigir vossa atenção para as faculdades e talentos latentes que desejardes desenvolver, pois, tempo gasto é energia gasta e ambos exprimem insucesso.

A crença de que, ao estardes geralmente inativo, estareis descansando e recuperando, não é verdadeira, primeiramente, porque não é possível a inatividade geral, e em segundo lugar, porque, ao tentardes suspender todos os atos, permitireis que vossas forças se escapem, como sempre acontece quando não recebem alguma coisa definida a fazer. A energia está sendo gerada constantemente em vosso organismo e, se não for dirigida a um trabalho definido e construtivo, se espalhará e dissipará.

Portanto, ao terminardes uma linha de ação construtiva, devereis tomar outra. Devereis dedicar todo momento a alguma coisa definida e útil, quer no plano físico, quer no metafísico, quer no espiritual. Será do mais alto valor dedicardes diariamente certas horas regulares a esses três planos, alternadamente.

Essa prática, não só vos dará descanso regular em cada plano, mas também, a todo momento de vossa existência, empregará construtivamente toda a energia de vosso organismo.

O resultado será o vosso mais alto desenvolvimento em conjunto, que é o único alvo perfeito que tendes em vista.

QUEM É RESPONSÁVEL?

Julgo que o estado mental mais baixo e mais pernicioso é o da lamentação. O Professor Elmer Gates diz que as emanações dos estados emotivos produzidos pela condenação de si mesmo são as mais venenosas. Efetivamente, elas são muito más. Entretanto, muitas vezes as vítimas saem desse estado de condenação e remorso. Porém, quando as pessoas caem no estado mental em que se simpatizam consigo mesmas por serem maltratadas, não penseis que alguém tivesse tido isso. Aqueles que dizem: "Ninguém sofreu como eu; ninguém foi tão perseguido pelo destino", para essas pessoas pouca esperança existe, pois esse pensamento constante as enfraquecerá por todos os modos e disso resultará a loucura ou o suicídio. O remorso encontra a consolação em ser a causa. Porém, esses estados de lamentação procuram a causa no exterior. Quando se localizam no íntimo, há esperança de melhora. Porém, se forem colocados no exterior, não haverá esperanças, enquanto não se der, por algum processo mental, alguma mudança pela qual a pessoa se considere responsável. "Meu irmão é meu guarda. É obrigação dele ver que eu esteja agradavelmente colocado. Ver que tenha trabalho. Ver que tenha saúde." Este mundo humano maquinal e automático é aquele em que vivem os que desceram tanto que se consideram bonecos do destino e empregam seu tempo em lastimar-se e mimar-se.

Só existe uma cura para eles: — despertar-lhes um sentimento de responsabilidade pessoal. Essa tarefa se torna mais difícil porque encontram constantemente os que simpatizam com eles e assim aumentam o mal pela condenação do destino pelas condições.

Esse estado mental foi cultivado na humanidade pelo lar, a escola, a educação eclesiástica e social. É a fonte das práticas do médico, do advogado, do sacerdote, dos reformadores sociais, políticos e econômicos. Poucos são os que o não aceitam, com exceção dos metafísicos do Pensamento Novo, que consideram o indivíduo responsável pela sua vida. O fatalismo, sob qualquer forma, é o íntimo físico das massas. "Deus governa!" Sim, porém, no pensamento comum, Ele é um poder exterior e o homem é seu vassalo, uma causa externa.

Quando o pensar de Jesus, ao dizer: "O reino de Deus está dentro de vós", for realizado, essa condição de mentalidade negativa passará. Nesta consideração, não há educação mais necessária do que aquele que coloca todos os poderes no indivíduo e ensina-lhe o domínio próprio. Todo poder está dentro. Por esse motivo, o indivíduo deverá considerar-se responsável e deverá compenetrar-se que é apenas a sua ignorância de si mesmo COMO PODER que é a causa de todas as condições infelizes. Compreendido isso, dar-se-á uma completa revolução no caráter, e toda experiência será recebida como educação, isto é, como meio de dar expressão ao poder e à sabedoria que se acham dentro. Em lugar de temerdes novas experiências, não só as recebereis bem, mas também as procurareis a fim de aumentar vosso domínio sobre a expressão de vossa vida.

Tereis alegria em serdes senhor, onde fostes escravo. Encontrareis alguma coisa divina no pensar da divindade. Diz um poema anônimo:

> É tão grande e tão terrível,
> Tão espantoso e tão ousado,
> Ser rei em todo conflito
> Em que me submeti como escravo.
> É tão glorioso ter consciência
> De um grande poder interno,
> Mais forte do que as forças reunidas
> De um pecado carregado e dominado.

Por esse motivo, toda palavra de esperança, toda expressão otimista é tão útil para as pessoas que se acham em estados negativos quanto uma gota de água o é para o solo crestado. Elas poderão não querer recebê-las, porém, como é a Verdade, apenas bastará afirmardes e curareis. "Que a luz brilhe", é o mandamento. A luz encontrará as radículas da vida e também encontrará seu caminho na mais negra mentalidade. Parece-nos que Jesus resumiu todo o dever do homem para seu próximo quando deu esse conselho. Tereis de compenetrar-vos de que a luz espiritual que vos caracteriza como indivíduos é a Verdade, e somente podeis expressar a Verdade em Afirmação. Não pedis autoridade alguma para a Verdade, porque ela é sua própria autoridade. Ela não admite argumentos. Não é expressa pelo raciocínio. "Conhecemos a Verdade ao vê-la como vemos a luz!" — diz Emerson. Nada mais temos a fazer do que afirmar. Quando os outros verem que a nossa afirmação é Verdade, viverão como vivemos. Porém, vejam-na ou não, na Verdade, devemos falar e agir para que a Verdade seja mais abundante. Assim ajudareis a criar uma atmosfera de pensamento novo e vos tornareis uma Luz do mundo.

EU POSSO! é a afirmação que poderá elevar a todos acima dos estados de negação aos de poder.

EU SOU e EU POSSO! Quê? Tudo o que quiser fazer.

"ONDE NÃO HÁ VISÃO, O POVO PERECE"

Sem dúvida alguma, ao expressar esta verdade, Salomão se referia à visão espiritual. Sem a visão espiritual, isto é, o poder de visualizar o Espírito em vós mesmo e em toda a criação, ficareis na estagnação e morrereis, sem fazerdes progresso algum nesta vida. Permaneceis neste plano físico e voltareis a ele novamente de tempos a tempos, até terdes alcançado essa visão espiritual que vos relacionará com a região espiritual. Todo o ensino de Jesus foi baseado na visão espiritual. Todos os seus ensinos a respeito do homem foi baseado no homem espiritual ou íntimo que desejava fazer-vos. Levando-vos a verdes essa visão, ele se tornou o reconciliador, fazendo-vos realizar vossa unidade ou reconciliação com Deus.

Se aplicardes vosso tempo em reler os Evangelhos com essa idéia em vossa mente, vereis que a nota principal de sua mensagem aos homens era levá-los a verem a Deus e Sua Vontade agindo em toda a humanidade. Ensinou essas verdades tão claramente que o maior mistério está na atitude da igreja em interpretar erroneamente a mensagem dele durante todos esses anos. Quando disse: "Vós sois o Templo do Deus Vivo" e o "Reino dos Céus (onde os homens sempre acreditaram que Deus habita) está dentro de vós", designou positiva e claramente que Deus reside em vós, e as igrejas, nos dois mil anos passados, simplesmente ignoraram esse fato. A igreja não obteve a visão espiritual e onde ela faltou na igreja ou no povo as pessoas pereceram.

Ao obterdes essa visão espiritual, podereis fazer tudo neste plano. Tereis perfeita saúde, vida e abundância, e a alegria de criar e abençoar será vossa. Podereis conceber que um Ser que tenha todo conhecimento e toda sabedoria, todo poder, toda energia criadora, toda vida, toda abundância e todo amor seja infeliz? Então, o caminho para alcançardes a felicidade, o alvo final de todas as realizações humanas, seja qual for o modo pelo qual procurais atingi-lo, é alcançardes essa visão espiritual. Como podereis alcançá-la? Certamente não de modo imediato, na maioria dos casos, conquanto alguns compreenderam esta idéia de um modo tão notável que realizaram milagres.

As duas idéias de que devereis compenetrar-vos são as que o Cristo ensinou claramente. Disse ele: "Vós sois o Templo do Deus Vivo e o Espírito do Onipotente reside em vós". Meditai diariamente nessas palavras, entrai no silêncio com elas durante alguns minutos, pela manhã, por mais ocupado que estejais. O aumento de força, coragem e compreensão que alcançareis vos permitirão recuperar qualquer tempo perdido. Começai, então, vosso trabalho diário agindo com o pensamento que Deus está dentro de vós, e sejam quais forem as pessoas ou as condições que encontrardes ou sejam quais forem os obstáculos que impedirem vosso caminho, tudo se desfará diante de vós, se vos conservardes firme no pensamento que Deus em vós é invencível. Deus em vós é amor, Deus em vós é sabedoria e poder. Deus em vós não poderá ser ofendido, prejudicado ou perturbado. Se todas as vezes que uma situação difícil se apresentar, parardes e vos compenetrardes por um segundo apenas que Deus está dentro de vós e no obstáculo aparente de vosso caminho, e, se deixardes Deus em vós, e não vosso eu pessoal, cuidar da dificuldade, mantendo-vos parado e pensando como Deus em vós agirá para obter os melhores resultados, logo vereis que todo obstáculo se dissolverá diante de vós. Porém, não podeis fazer isso num minuto. Devereis levar sempre Deus convosco na vossa consciência e apelar para Ele nos momentos de necessidade. Se praticardes isto durante alguns meses, começareis a obter essa visão espiritual de Deus dentro de vós fixa e indelevelmente, a qual se tornará parte de vós e sentireis que estareis conscientemente caminhando com Deus.

Cristo disse ainda: "O Reino dos Céus está dentro de vós", e para alcançardes a visão espiritual, devereis compenetrar-vos de que agora estais no Céu. O Céu é apenas um estado mental. Não é cercado por quatro paredes, só é cercado pela vossa consciência limitada do que significam a paz, a alegria, a harmonia e a ordem divina. Se estenderdes os limites de vossa mente para incluir nela a Deus e o Reino do Céu, podereis viver agora mesmo no reino do amor e do poder, onde tudo é amor mútuo, onde o progresso é eterno, onde cada qual emprega seu tempo em expandir essa consciência de Deus para tornar-se a maior bênção para os outros. O Reino do Céu é o lugar em que todos realizam que o único caminho do progresso é pelo Amor e o Serviço no departamento particular em que se acham colocados.

Existem muitos céus e muitos infernos. Estou apenas definindo o que o Céu é para mim no meu atual estado de consciência, porém até este parece bom para os que lutam aqui neste plano dos sentidos. O Céu poderá designar para vós alguma coisa diferente, porém, seja o que for que designe, será melhor do que aquilo que tendes agora e valerá visualizá-lo em vós e no mundo em geral, pois, se começardes a compenetrar-vos de que estais vivendo agora nesse lugar e estado de consciência, começareis a atrair para vós essas condições.

À proporção que expandirdes em vossa consciência, a vossa idéia do Céu e de Deus mudará, pois a vossa mente está mudando continuamente sobre essas coisas. Lançando um olhar para algumas centenas de anos passados, vereis que admirável mudança se deu nas mentes dos homens a respeito da concepção de Deus e Seu Reino, e isso é apenas o começo de uma nova revelação para a alma em expansão.

Que é Deus em vós? Procurai pensar n'Aquele que criou o universo admiravelmente belo, as maravilhas da natureza, os pássaros, as flores e, em seguida, criou o homem para gozar e ter domínio sobre essas coisas. Certamente, pensou que poderíeis obter a visão celeste ao colocar-vos aqui neste maravilhoso mundo, porém, os homens viram tudo imaginável em si mesmos e na criação ao redor de si, exceto Deus, Seu amor e abundância. Não estando satisfeitos com isso, foram tão longe que criaram um diabo para atormentá-los e governá-los, em lugar de um Pai amoroso, que deseja todas as boas coisas para Seus filhos. Deram ascendência a esse diabo, e o medo dele trouxe misérias inenarráveis para a mente do mundo.

Certamente precisais a visão espiritual que é a fé e crença no espírito divino do amor agindo em vós e toda a criação. Procurai, pois, diariamente, ao menos por um pouco de tempo, realizar o que Deus pretende em vós e compenetrar-vos que, com a vontade e o poder criador de Deus agindo por vosso intermédio, podereis realizar todas as coisas, destruir todas as barreiras e toda oposição. Deus em vós é a ressurreição e a vida em toda manifestação mental, física e espiritual. Deus em vós é Amor e o "Perfeito Amor afasta o Medo".

Deus em vós é Onipresente, Onisciente e Onipotente. Deus em vós é todo Conhecimento, Sabedoria, Intuição e Inspiração. Ele é a energia criadora. Deus em vós é Visão Espiritual, vendo as coisas sempre mais belas e perfeitas do que parecem aos sentidos materiais. Deus em vós é tudo o que podereis conceber, pensar, sonhar e, com essa idéia, expandindo em vós diariamente, operareis milagres.

Esta é a mensagem que Jesus Cristo trouxe à terra e essa Visão Espiritual merece que tanto o indivíduo como a nação se esforcem para ela. Com ela, podereis fazer tudo. Sem ela, estagnareis e perecereis.

PARA ENTRAR NO SILÊNCIO

O silêncio é poder e, quando chegardes, em vossa mente, ao lugar do silêncio, tereis atingido a posição de poder, o lugar em que tudo é um e único poder: Deus.

"Aquieta-te (fica silencioso) e sabe que sou Deus."

O poder difuso é ruído. O poder concentrado é silêncio. Quando, pela concentração (atração para um centro), tiverdes reunido todas as vossas forças numa só força ou num só ponto, entrastes em contato silencioso com Deus, vos tornastes uno com Ele e com todo poder. Essa é a vossa herança humana, pois podeis dizer: "Eu e o Pai somos um".

Só existe um meio de unificar-vos com o poder de Deus: é entrardes em contato consciente com Ele. Isso não poderá ser feito no exterior, pois Deus se manifesta de dentro. "O Senhor está *em* seu santo templo, que toda a terra mantenha silêncio diante dele", disse Habacuque, no cap. 2, vers. 20. Somente passando do exterior para o silêncio do interior, podereis empregar o poder que Deus é.

Se não tiverdes conhecimento da natureza de Deus e do homem, vos parecerá desconcertante falar-vos em empregardes o poder que Deus é. Deus é a grande força, substância e inteligência viva e vós, como homem, lhe dais uma expressão ativa. Deus sendo o único poder que existe, ao falardes, ao respirardes, ao vos moverdes, empregais sempre esse poder. Fazeis uso constante do poder de Deus, porém, não sentindo a grandeza dele, ainda não aprendestes a fazer "as grandes obras" por meio dele. No silêncio, na calma, no reino do céu em vossa alma, tornai-vos conhecedor de Deus como poder e sabeis que *todo* poder está dentro, à espera de vossa chamada para manifestá-lo em ato. "Relativamente às obras de minhas mãos, *ordena-me*", disse o Senhor. É vosso apelo que abre a porta para a expansão desse poder.

Devereis compreender a verdadeira natureza desse apelo e posso esclarecê-la com uma ilustração. Ao precisardes de água em vosso apartamento, não gritais ao reservatório do parque, porém, *abris* a torneira que se acha em contato com o depósito por meio dos encanamentos que estão enterrados e são a ligação invisível à fonte de suprimento de água. Exatamente da mesma forma, recebeis a força de Deus por meio da ligação invisível que tendes com Ele dentro de vós mesmo.

Deus não vos ouve por muito falardes, gritardes, ou pedirdes por vãs repetições. O Pai, que está em vosso íntimo, é adorado em espírito e verdade. Ouve o apelo da alma que sinceramente se abre a Ele. Seu poder flui no coração que estabelece sua relação com Ele "em segredo", pelo canal secreto da mente. "Entra em teu quarto e, *fechada a porta,* ora a teu Pai em segredo; e teu Pai que vê no secreto te recompensará liberalmente" — disse o Mestre, conforme Mateus, 6: 6. Que contato individual secreto e silencioso com o Pai o Mestre desvendou! Quão poderosa é essa relação íntima e secreta: "O Pai que vê em secreto te *recompensará liberalmente!*"

Deus não vos fala no "impetuoso vento", nem no "terremoto", nem no "fogo", mas sim na "débil vozinha", que se faz ouvir às vossas almas, como se acha em I Reis, 19: 11-12.

Antes de poderdes comungar com o Pai no silêncio e sentirdes que todos os vossos desejos estão na mente d'Ele, e, portanto, são desejos d'Ele, devereis compreender a intimidade de vossa relação com Ele, do Pai com o Filho ou do Espírito com o corpo. É apenas em vossa consciência que existe separação, pois, embora pareçam dois, são realmente um só.

"Não *encho* Eu o céu e a terra?" — disse o Senhor. Foi essa a compreensão que foi dada a Jacó, quando dormia sobre a "pedra" da materialidade. Num grande surto de iluminação divina, viu que o exterior é a expressão (ou pressão para manifestar-se) do interior. Admirado da maravilha daquela revelação divina, exclamou: "Certamente o Senhor está neste lugar (a terra ou o corpo) e eu *não o sabia*. Isto não é mais que a casa de Deus e esta é a entrada para o céu!"

É pela "escada" da vossa consciência, revelada a Jacó, numa visão, que devereis subir para entrardes no silêncio do lugar secreto do Altíssimo, descobrindo assim que estais no próprio centro das coisas criadas, sendo, na onipresença, uno com todas as coisas visíveis e invisíveis. Na visão de Jacó, lhe foi mostrado que a escada se elevava da terra ao céu. Viu os anjos de Deus descendo e subindo por ela, as idéias angélicas de Deus descendo do Espírito para a forma e subindo novamente.

Foi a mesma revelação que se deu a Jesus quando os céus se lhe abriram e ele viu a admirável lei de expressão por meio da qual as idéias concebidas na mente divina tomam expressão e se manifestam na forma. Essa lei de expressão foi tão perfeitamente revelada ao Mestre, que Ele viu imediatamente que toda forma pode ser mudada ou transformada, por meio da mudança da consciência em relação a ela e, por essa razão, a sua primeira tentação foi mudar a forma das pedras em pão, a fim de satisfazer a fome pessoal. Porém, com a revelação da lei de expressão, veio-lhe a compreensão de que *expressar é fazer pressão* sobre alguma coisa, ao passo que servir o eu pessoal é inverter a lei e *suprimir* a vida, em lugar de expressá-la.

Bastará apenas olhardes para a folha que cresce numa planta para compreenderdes que ela começa sua expressão no ponto em que se une ao todo: sua haste. Essa haste é a *entrada* por meio da qual a vida íntima e a substância de toda árvore entram na folha e se expressam por meio dela. Quando Jesus disse: "Sou a porta", designava exatamente isso mesmo. Em cada alma, Eu Sou a *porta* pela qual a vida, o poder e a substância do grande EU SOU, que é Deus, se manifesta na expressão por meio do indivíduo.

Esse EU SOU só tem um modo de expressão, pela consciência: idéia, pensamento, palavra e ato. Esse EU SOU, que é Deus, é poder, substância e inteligência, que recebe a forma por meio da consciência, e é por esse motivo que o Mestre disse: "Faça-se conforme vossa fé" e "Tudo é possível ao que crê".

Vêdes, assim, que Deus está dentro da alma como poder, substância e inteligência ou, em termos espirituais, sabedoria, amor e verdade, sendo manifestado na forma ou expressão pela consciência, a qual determina a forma pela crença ou concepção que conserva na mente. Se isso não fosse verdade, não vos seria possível mudar ou transformar a vossa forma "pela renovação de vossa mente" ou mudança de vossa crença, como se acha em Romanos, 12: 2. Vossa crença que vossa forma é separada de vosso Espírito é que faz a vossa forma envelhecer e morrer.

Ao compreenderdes que o Espírito é tudo e que a vossa forma está constantemente sendo expressa por Ele, vos compenetrareis que aquilo que nasceu do Espírito é Espírito e conserva a forma na consciência de expressão, pureza e perfeição perpétuas. Se conservardes vossos olhos mentais firmes nessa verdade absoluta, vosso corpo se tornará uma "luz", sem qualquer "parte escura" ou doente.

A outra grande verdade que compreendereis por meio dessa consciência, é que cada indivíduo, sendo uma concepção da mente divina, é conservado nessa mente como idéia perfeita. Não tereis de conceber a vós mesmo. Fostes perfeitamente concebido pela Mente perfeita de Deus, e, se formardes essa realização em vossa consciência, poderei subir pela "escada da consciência", entrar em contato com a mente divina e conceber novamente o que *Deus concebeu para vós.*

Isso é o que Jesus denominou "nascer de novo". É a grande dádiva que o silêncio vos oferece, pois, entrando em contato com a Mente de Deus, poderei pensar com ela e conhecer a vós mesmo como sois na realidade e não como vos julgais ser. Então, como agora, vos expressareis pelo canal do pensamento, porém, çomo entrareis em contato com a Mente de Deus por meio do *verdadeiro pensamento*, manifestareis uma expressão verdadeira, ao passo que agora sendo falso o vosso pensamento, manifestais uma expressão falsa. Entretanto, quer a vossa forma seja perfeita, quer seja imperfeita, a vossa ENTIDADE é poder, substância e inteligência de Deus. Não é a vossa Entidade que precisais mudar, mas sim a *forma* que ela tomou. Para realizardes isso, devereis renovar vossa mente ou a concepção imperfeita que ela fez, mudando o vosso pensamento pessoal para o pensamento de Deus. Vedes, pois, quanto é importante encontrardes a Deus, entrardes em contato com Ele, serdes uno com Ele e manifestá-lo em vossa expressão! Quanto é igualmente importante o *silêncio*, em que a vossa mente pessoal se abre para que a Mente de Deus possa iluminar em todo o seu esplendor a vossa consciência. Quando o fizerdes, compreendereis como "o Sol da retidão surgirá trazendo a cura em seus raios".

A Mente de Deus banhará a vossa consciência como a luz do sol ilumina um aposento escuro. A penetração da Mente universal na vossa mente pessoal é como a entrada da imensidade do ar exterior naquilo que se corrompeu por ter estado durante muito tempo num compartimento fechado. É a mistura do maior com o menor, por meio da qual este se torna uno com o maior. A impureza foi produzida pela separação havida entre eles. A pureza é produzida pela sua união, não havendo mais um maior e um menor, mas sim um ar bom, puro e completo. Assim também, devereis saber que Deus é um e que todas as coisas visíveis e invisíveis são uma só com Ele.

É a separação d'Ele que produziu o pecado, a moléstia, a pobreza e a morte. É a união com Ele que vos fará uno com o SER COMPLETO ou consciente d'Ele.

A separação da unidade é a descida dos anjos pela escada da consciência. A volta à unidade é a subida dos anjos pela mesma escada. A descida foi boa, porque assim a unidade se expressou na *diversidade*, porém, não era preciso haver conceito de *separação*, na diversidade. A diversidade foi mal concebida, sob o ponto de vista pessoal, como sendo separação. A grande obra para vós, como alma, é elevardes o vosso ponto de vista pessoal a tal altura na vossa consciência, que vos torneis una com o todo.

"Não se faça a minha vontade, mas a *Tua*", disse Jesus. Quando todos puderdes "estar de acordo num só lugar (o lugar de vossa consciência em que compreenderdes que todas as coisas visíveis e invisíveis têm sua origem ou começo num só Deus), então o Espírito Santo encherá vossa consciência e deixarão de existir as ilusões sensuais de pecado, moléstia, pobreza e morte. O grande propósito do silêncio é chegardes a esse resultado.

À proporção que o EU SOU, Deus, o Ente de poder, substância e inteligência, se expressar por vosso intermédio, começará sua expressão onde estiver o vosso Eu Sou, – o *Ente Divino que reside em nós*. Portanto, "no princípio, Deus".

Essa expressão se efetua da forma seguinte:

EU SOU ENTE	Espírito.
Eu sou sentimento	Alma, idéia ou emoção.
Eu sou pensamento	Mente ou pensamento.
Eu falo	Voz ou palavra.
Eu manifesto	Forma ou corpo.

Neste processo de expressão, o EU SOU é sempre Deus. Ele não muda, porém, se expressa em diversos planos de existência: Espírito, idéia, pensamento, palavra e corpo. O EU SOU estende sempre formas de expressão para Si. Deus está sempre dentro de sua própria expressão, o corpo, que é seu templo. "Aquieta-te (acalma-te) e sabe que Eu sou Deus", diz Ele no íntimo da consciência.

O vosso exterior é o vosso interior expresso ou manifestado por meio da vossa consciência: a idéia, o pensamento, a palavra e o ato. Por que, pela vossa consciência, separais a forma do Espírito, quando deveríeis uni-los? Jesus uniu o exterior ao interior. Como disse Paulo em Efésios, 2: 15: "Pois ele, que fez um só de ambos, é nossa paz... tendo abolido *em sua carne a inimizade;* para fazer em si mesmo de *dois um novo homem,* assim fazendo a paz". Em Jesus

Cristo, a Palavra que estava com Deus e era Deus, *se fez carne* e habitou entre nós.

A consciência do Cristo vos ensinou a compreender Deus na carne, a saberdes que aquilo que nasceu do Espírito (foi expresso pelo Espírito) é sempre Espírito. Portanto, a consciência do Cristo é: "Aquele que *me* viu (a expressão do EU), viu o Pai (o EU que formou a sua própria expressão).

O vosso primeiro passo no silêncio será acalmardes vossa forma exterior, relaxardes completamente vosso corpo, abandonardes toda tensão, reconhecerdes que vossa própria forma é Deus na forma, – "a imagem e semelhança de Deus" – mesmo que os vossos traços não sejam belos ou harmoniosos, pois foram feitos pela vossa consciência individual que ainda poderá estar na falsidade. Embora uma moléstia esteja expressando-se em vós, vede mentalmente a Entidade de vossa forma como divina. Esta será a primeira volta da escada de Jacó. Compreendereis, como ele, que "certamente o Senhor está *neste* lugar e aqui é a porta do céu".

Por meio desta escada da forma, entrareis no reino do Espírito e, como reconhecimento consciente do que direis, *falareis a palavra* ou subireis a segunda volta da escada de Jacó:

"Eu sou Deus expresso".

Será impossível falardes essas palavras sem a consciência do poder que transbordará de vossa mente. A própria menção da palavra "Deus" despertará o *pensamento* de Deus. *Pensar* em Deus é ser elevado à terceira volta da escada. Chegado a esse ponto, a vossa consciência atingiu um ponto superior à forma física e se encontrará na *forma mental*. Então, meditareis em Deus, no seu amor, na sua bondade, na sua sabedoria, na sua vida, substância e poder. Essa forma de pensardes em Deus como vosso Pai, concessor de todo dom perfeito, ou como sendo a própria dádiva, despertará em vós uma consciência superior à da região do pensamento, pois, meditardes sobre o amor é entrardes, inconscientemente, no reino do *sentimento* e das emoções do Espírito, estando, então, na quarta volta da escada de Jacó; a própria alma, o reino das idéias.

Nesse plano de consciência, *sentindo* o amor e a irradiação da vida, amor e poder estender-se de vós, sem pensardes e sem fazerdes esforço, a vossa consciência atingirá o lugar do Altíssimo, ao próprio Ente Universal, ao lugar de sabedoria, amor e verdade ou poder, substância ou inteligência.

Nessa elevação de vossa consciência, estareis naquele que é tudo e sereis uno com Ele. Vereis tudo em sua natureza pura, estado completo e perfeito. Tereis chegado à terminação da escada de Jacó e vos encontrareis no "reino dos céus", no próprio trono de Deus. Deus é o começo de todas as coisas e, desse Centro, por meio de um verdadeiro processo de pensamento, vossa consciência poderá ser renovada e purificada, e, podereis descer tranqüila e felizmente, por essa admirável escada mental, *transformando* a forma que expressava moléstia, numa forma sadia e perfeita, porque encontrastes, no Espírito, que Deus é tudo e sabeis que n'Ele tudo é perfeito.

Que alegria será para vós entrardes no oceano da Existência em que tudo é Deus, tudo é livre, tudo é bom! Que felicidade vos será saberdes que todas as coisas visíveis e invisíveis vivem, se movem e têm sua existência n'Ele! Que satisfação saberdes que está dentro e fora de tudo e atravessa tudo e, mais ainda, é tudo!

Assim como o gelo está na água e a água está no gelo, e este é água, apesar de sua forma de gelo, também toda forma está no Espírito e é Espírito. "Eu sou o Senhor e fora de mim nada mais existe."

Que descanso será para vós o saberdes que tudo é um, que todas as coisas estão misturadas nesse um, que todas elas poderão ser perfeitas nele, pois, realizando a unidade, tereis a consciência da vossa perfeição e a manifestareis.

TRANSFORMAÇÃO DE VOSSO DESTINO

Aquilo que fordes e o que fizerdes determinarão as condições, circunstâncias e ambientes em que estais colocado.

Como podeis transformar-vos e mudar os vossos atos, podereis determinar o vosso destino.

Para vos transformardes, devereis transformar vossos pensamentos, porquanto sois como pensais. Para mudardes vossos atos, devereis mudar o objetivo de vossa vida, porque cada ato vosso é consciente ou inconscientemente inspirado pelo objetivo que tiverdes em vista. Para mudardes vossos pensamentos, será necessário poderdes determinar as impressões que deverão formar-se na vossa mente, porque todo pensamento é criado à semelhança de uma impressão mental.

Para escolherdes as vossas impressões mentais, devereis aprender a governar os vossos sentidos objetivos, adquirindo o vosso equilíbrio e a arte de pensar originalmente.

Tudo o que entrar em vossa mente por meio dos sentidos físicos produzirá impressões nela, se não for impedido pelo vosso pensamento original.

Essas impressões serão o reflexo direto do ambiente de onde vierem, e como vossos pensamentos serão criados à semelhança exata dessas impressões, enquanto permitirdes que vosso ambiente impressione vossa mente, vossos pensamentos serão exatamente semelhantes ao vosso ambiente. Portanto, visto que sois semelhante aos pensamentos que emitis, também sereis semelhante ao vosso ambiente.

Mais ainda, dessa forma, não só vos desenvolvereis à semelhança de vosso ambiente, porém, sereis governado pelo vosso ambiente, porque vossos pensamentos, desejos, motivos e atos vos serão sugeridos pelas impressões que aceitardes de vosso ambiente.

Uma das coisas mais indispensáveis para governardes vosso destino e adquirirdes vosso equilíbrio é aprenderdes a dominar os vossos sentidos físicos de um modo tão completo que nenhuma impressão do exterior possa entrar em vossa mente, sem ser desejada conscientemente.

Para efetuar isso, devereis conservar sempre vossa mente numa atitude firme, vigorosa e positiva, principalmente quando estiverdes rodeado de condições inferiores.

Essa atitude colocará vossos sentidos sob a supremacia de vossa vontade e, finalmente, produzirá um estado mental que nunca corresponderá às impressões externas, se não for dirigido para esse fim.

Para vencerdes a tendência de vossos sentidos físicos a aceitarem, indiscriminadamente, toda espécie de impressões externas, devereis empregar, em freqüentes intervalos, os sentidos físicos para procurarem perceber as possibilidades superiores que possam estar latentes nas diversas condições ambientes.

Enquanto vossos sentidos estiverem sendo assim aplicados à procura de possibilidades superiores, devereis analisar as impressões recebidas e recombiná-las nos estados destrutivos de consciência e de acordo com a percepção de vossa própria mentalidade.

Isso produzirá pensamento original que, por sua vez, contrabalançará a tendência do lado objetivo de vossa mente a receber sugestões de fora.

Todo pensamento original que vossa mente possa criar, até certo ponto vos criará, mudará e reformará, de acordo com o que internamente desejardes ser, porque todo pensamento original será modelado de conformidade com a vossa concepção de vós mesmo, quando estiverdes nas vossas melhores condições.

Os pensamentos inspirados pelo vosso ambiente poderão ser inferiores ou superiores, conforme for o ambiente; um pensamento original é sempre superior, porque será inspirado por vós mesmo, quando os elementos superiores de vossa existência forem predominantes.

Quando todos os pensamentos que vossa mente produzir forem pensamentos originais, vos desenvolvereis constantemente na grandeza, no valor e na superioridade e, quando todos esses pensamentos originais forem criados com o mesmo propósito em vista, vireis a ser exatamente o que esse objetivo expressa.

Portanto, se puderdes dar base ao vosso pensamento em qualquer objetivo que possais desejar, podereis tornar-vos, pelo pensamento original, o que quiserdes ser.

Vosso destino é o resultado daquilo que sois e fazeis o efeito direto de vossa vida e vossas obras, uma criação natural vossa, a qual é sempre à imagem e semelhança de seu criador.

Portanto, quando adquirirdes, pelo pensamento original, o poder de vos tornardes aquilo que quiserdes ser, vosso destino se mudará à proporção que mudardes, e, por meio dessa lei, podereis criar para vós o caráter que quiserdes.

Será evidente, por várias razões, que, quando tiverdes o poder de vos recriar de acordo com os vossos desejos, podereis consciente e naturalmente criar vosso destino.

O poder de vos criar de novo é simplesmente o poder de pensamento original, pois vos fazeis semelhante aos pensamentos que pensardes, e os vossos pensamentos originais serão criados à semelhança das impressões ideais de vosso eu superior. Os fatos seguintes demonstrarão que o vosso destino é o resultado direto ou indireto do que sois e fazeis:

O mundo mental em que viverdes é o reflexo exato do que sois, sentis e pensais; portanto, quando alcançardes uma vida superior e pensamentos de valor, vosso mundo mental também mudará nas mesmas condições.

As circunstâncias e condições de vosso mundo físico são efeitos diretos ou indiretos dos elementos ativos de vosso mundo mental, como ficará plenamente demonstrado nesta obra.

Como os semelhantes se atraem, as vossas associações serão da mesma espécie e à proporção que vos mudardes para melhor, atraireis e sereis atraído para melhores associações.

Os acontecimentos que aparecerem em vossa vida serão conseqüências de vossos próprios esforços em expressar-vos em vosso próprio mundo de atividade. Portanto, o que vos acontecerá será a reação do que dissestes ou fizestes anteriormente. Se isso é verdade, podereis fazer que qualquer acontecimento a suceder seja decidido por vós, porém, para realizardes isso, será preciso que compreendais a lei da ação e reação como deverá ser aplicada tanto no mundo físico como no metafísico.

Quando começardes a vos criar novamente, vos elevareis acima de vossa posição atual e, quando vos mostrardes superiores a ela, sempre vos aparecerão melhores oportunidades; resultará que, mudando-vos como desejardes, podereis manifestar qualquer oportunidade que quiserdes.

Terdes o privilégio e aproveitardes de melhores oportunidades é o caminho direto para melhores condições, melhores circunstâncias e melhores ambientes. Visto que podereis criar vosso próprio destino, vosso próprio futuro, vosso próprio progresso.

Entretanto, o segredo de criardes esse privilégio à vontade, está em vosso poder de formardes em vossa mente apenas impressões que produzam pensamentos construtivos.

Assim acontecerá porque, quando todos os pensamentos que tiverdes forem construtivos, todo o vosso processo mental será construtivo e constantemente aumentará vossa capacidade, habilidade e valor pessoal. Isso, por sua vez, vos tornará competente para aceitardes os maiores lugares que, em toda parte, estão à espera das mentes que sejam suficientemente capazes para ocupá-los. Todo pensamento vosso tem poder criador e esse poder se expressará de acordo com o desejo que existir em vossa mente quando o pensamento for criado.

Portanto, se todo pensamento tiver de expressar seu poder criador em vossa formação, a vossa mente deverá estar constantemente repleta desse objetivo.

Se o vosso desejo de desenvolvimento e aquisição superior não predominar na vossa mente, a maior parte das energias criadoras de vosso pensamento tomará direção errada, formando-se condições mentais artificiais, que só agirão como obstáculos ao vosso bem-estar e adiantamento.

O único poder empregado na construção e reconstrução de vós mesmo é o poder criador de vosso pensamento, e, por esse motivo, sois como pensais. Portanto, quando pensardes o que desejardes pensar, vos tornareis o que desejardes ser. Porém, para pensardes conforme desejardes, devereis governar conscientemente o processo por meio do qual as impressões serão formadas em vossa mente.

Se governardes esse processo, tereis o poder de excluir toda impressão externa que não desejardes e imprimir completamente em vossa mente todo pensamento original que formardes, dando assim à vossa mente o poder de pensar somente aquilo em que conscientemente quiserdes pensar.

Para poderdes governar esse processo, devereis compreender a diferença entre as duas principais atitudes mentais: a atitude de submissão própria e a atitude de supremacia própria. Devereis aprender a eliminar toda a vossa vida, o vosso pensamento e a vossa atividade absolutamente na última.

Tendo realizado isso, nenhuma impressão poderá formar-se em vossa mente sem a vossa impressão consciente, e tereis, então, obtido permanentemente um domínio completo do poder criador de vosso pensamento.

Dominando o poder criador de vosso pensamento, dominareis vosso eu pessoal, e pelo domínio deste, sereis senhor de vosso destino, pois tereis o equilíbrio perfeito.

A IMAGINAÇÃO CRIADORA

Ao desenvolverdes vosso pensar subconsciente, se produzirá um considerável aumento da atividade de vossa imaginação, que poderá ser muito útil, porém deverá ser tratada com prudência.

O processo da imaginação é criador, porém, para criar, emprega a vossa energia, e certamente não desejareis empregá-la para criar qualquer objetivo que não tenha valor real e permanente.

Se imaginardes alguma coisa, criareis idéias, pensamentos, imagens mentais, estados e condições que tomarão a semelhança exata daquilo que imaginardes.

É evidente que o processo imaginativo é criador e, como podeis imaginar quase tudo, podereis criar quase toda qualidade ou condição que desejardes. Contudo, são criadas em vosso organismo muitas coisas que não desejais; a causa disso está no fato que o poder de vossa imaginação não está perfeitamente governado pela vossa mente.

Ordinariamente, despendeis grande quantidade de energia por uma imaginação inútil e desgovernada, e só podereis evitar essa perda, aprendendo a empregar construtivamente vossa imaginação. Para realizá-lo, devereis imaginar apenas as coisas que desejardes reter como qualidades permanentes de vossa existência progressiva.

Se imaginardes que está sucedendo uma coisa que realmente não o está, estareis criando uma estrutura mental artificial, que se tornará obstrução ao vosso desenvolvimento e progresso. Em pouco tempo, será desfeita para dar lugar a outra, tão inútil e prejudicial.

Este é um passatempo que parece inócuo e inocente, porém constitui um dispêndio notável de energia, ao qual milhões de mentalidades se entregam diariamente.

Se imaginardes em vossa mente o lado inferior, obscuro, imperfeito ou desagradável de alguma coisa, estareis criando estruturas ou condições mentais que, da mesma forma, atrasarão ou obstruirão o processo de vosso adiantamento.

Além de desperdiçar sem objetivo a vossa energia criadora, essa prática agirá contra vós em lugar de agir para vosso proveito.

Imaginar-vos no passado ou no futuro é também aplicardes vossa energia num objetivo inútil. Não estais vivendo no passado; por conseguinte, criardes estruturas mentais à semelhança de acontecimentos passados é criardes alguma coisa que não podereis usar e simplesmente vos fará obstáculos.

Não estais vivendo no futuro e, como não podeis saber detalhadamente qual será vosso futuro, não podereis pintar em vossas mentes aquilo que será exatamente verdadeiro no futuro. Podereis apenas pintar em vossa mente a forma geral das maiores realizações que estão surgindo no presente, porém nunca devereis imaginar-vos a *viver* em imaginárias condições futuras.

Devereis pintar sempre o ideal e conservar constantemente vossa vista mental dirigida para o grande objetivo que tiverdes em vista; porém, o poder criador de vossa imaginação só deverá ser aplicado na construção da vossa existência presente.

Dirigi vossa faculdade imaginativa para pintar e construir só o que for real e possível nesta ocasião. Dessa forma, toda a energia empregada pelo processo de vossa imaginação será dirigida para um objetivo útil e essa faculdade será aplicada de acordo com a sua mais alta função.

A verdadeira aplicação da vossa imaginação é para pintar-vos mentalmente como desejais ser pelo vosso desenvolvimento ordenado e metódico.

Imaginai todas as vossas faculdades e talentos como são no ideal, ou seja nos seus maiores estados de capacidade, eficiência e poder e pintai em vossa mente o maior, o superior e o melhor que existem agora em vossa mente.

Dessa forma, empregareis todas as vossas energias em promover avanço, progresso e desenvolvimento de acordo com o vosso objetivo que é vos moverdes sempre para a frente.

Além disso, a energia que aplicardes em promover um progresso ordenado, não é atualmente gasta, porque, quanto mais avançardes, maior se tornará o objetivo consciente de vossa vida e poder, maior será a vossa posse delas. Portanto, aplicardes a energia na produção de desenvolvimento e progresso é aumentá-la. A lei é esta: — Quanto mais energia empregardes construtivamente em vosso organismo, mais energia produzireis nele.

O objetivo de vossa existência é desenvolver-vos, aperfeiçoar-vos, adiantar-vos e construir harmoniosamente tudo o que entrar no campo que ela abrange e vosso alvo é atingir as maiores aquisições e realizações possíveis. Por conseguinte, devereis aprender a arte de conservar em vosso organismo toda a energia que produzirdes, pois assim estareis preparado para tirar vantagens de toda oportunidade e para o momento em que seja necessária uma ação extraordinária.

Um dos principais segredos para atingirdes as grandes aquisições está em conservardes todas as vossas energias em equilíbrio até a apresentação do momento psicológico, em cuja ocasião as dirigireis, pela concentração, para o conveniente canal mental.

Se vossa mentalidade for progressiva, podereis ser chamado em qualquer tempo a fazer alguma coisa notável; portanto, a mais alta sabedoria é estardes preparado e terdes constantemente poder suficiente para fazerdes o que a ocasião exigir. Nesse momento, a vossa imaginação criadora, se for guiada pela vossa vontade, poderá produzir coisas verdadeiramente surpreendentes na vida exterior.

A ACUMULAÇÃO DAS ENERGIAS VITAIS

A atitude de perfeita serenidade, repleta de forte vida interna, é uma das mais importantes expressões do estado de equilíbrio, em que podereis realizar a acumulação de vossas energias. Essa atitude vos permitirá verificar facilmente quando estais em equilíbrio e quando não o estais, de modo que podereis mudar imediatamente a condição inferior para a superior.

O principal objeto que devereis ter em vista, a princípio, é conservar em vosso organismo toda a energia que for gerada nele e para isso será necessário praticardes a arte de conservação da energia até que essa "atitude de conservação" se torne subconsciente ou parte permanente de vossa realização ou capacidade pessoal.

Para realizardes isso, devereis, com freqüentes intervalos, aplicar alguns momentos à prática de conservar em vosso organismo toda a energia que sentirdes na ocasião.

O método é simples e consiste em penetrardes todas as partes de vossa personalidade com um *sentimento* profundo e *acumulativo*. Pensai no poder que se acha em todo átomo de vosso ser e pintai cada átomo como sendo um ímã vivo que conserva esse poder dentro de vós. Após alguns momentos desta prática, realizareis a consciência de poder aumentado, que, às vezes, se torna muito forte, porque, desde o momento em que começardes a *conservar* o poder, fareis cessar o desperdício usual do mesmo.

Se acumulardes dessa forma grande *abundância* de poder, convirá dirigi-lo para *alguma parte* de vosso cérebro que desejardes desenvolver. Para fazê-lo, devereis concentrar vossa atenção nessa parte particular, conservando sempre vosso pensamento em contato consciente com as forças mais finas. Os resultados que obtereis na conservação da energia de vosso organismo aumentarão consideravelmente, se dirigirdes a vossa mente para pensar em cada parte de vossa personalidade.

A ação mental consciente deverá empregar todas as fibras de vosso organismo de modo que o pensamento esteja em ação, não só no cérebro, mas também em toda a vossa personalidade.

Pensai com toda a vossa mente e com todo o vosso corpo e animai esse pensamento com profundo e equilibrado desejo de *conservar* em vosso organismo todo o poder que tiverdes a capacidade de produzir.

Quando a vossa consciência estiver completamente desenvolvida e todas as vossas faculdades mentais estiverem em atividade, pensareis naturalmente com toda a vossa personalidade. Então, vossa mente se tornará efetivamente poderosa e a força de vosso pensamento será invencível, começando a aparecer em vós o gênio.

Pela expressão de pensamentos serenos e profundos em cada parte de vossa personalidade no ato de conservardes a energia em vosso organismo, três grandes coisas serão realizadas: — Vosso poder de conservar e acumular a energia aumentará em alto grau, vossa mente estará treinada a pensar com a plena capacidade de vossa personalidade e vossa vontade terá o domínio consciente da energia de cada parte de vosso organismo.

O último destes três resultados será de extrema importância para vós, porque, quanto mais perfeitamente vossa vontade puder governar cada parte de vossa personalidade, mais perfeito será o vosso equilíbrio. Porém, não será possível vossa vontade governar conscientemente qualquer parte de vossa personalidade, enquanto vossa mente não pensar *nessa* parte e *com* ela.

Para pensardes *com* cada parte de vossa personalidade em particular e com todas em geral, o vosso pensamento deverá ser do coração ou do subconsciente. Pensardes subconscientemente é pensardes com a atenção concentrada na substância íntima de vossa mente e de vosso corpo. Procurardes sentir freqüentemente a essência real e viva de vossa entidade é desenvolverdes o poder de vosso pensamento subconsciente.

A expressão do pensamento subconsciente em todas as partes de vossa personalidade também produzirá o que poderá denominar-se ação interior, ação da vida real expressa em sentimento, pensamento e consciência. Isso será para vós extremamente importante, pois é essa atividade calma, vigorosa e invencível da vida real que constitui o verdadeiro fundamento do equilíbrio perfeito. Se aplicastes fielmente, por algum tempo, os diferentes métodos para a conservação e o acúmulo de energia em vosso organismo, notareis que grande quantidade de energia começará a acumular-se por si mesma. Isso designará que o equilíbrio real estará sendo estabelecido e essa realização vos ajudará muito no desenvolvimento de cada vez maior equilíbrio, porque o simples pensamento nele o aumentará. Portanto, *sabendo* intimamente que possuís, estareis a caminho de ganhar mais.

VOSSO SUPRIMENTO

A saúde é harmonia. Não há harmonia na necessidade, quer seja de saúde, de felicidade ou de meios de subsistência, para o cuidado do corpo, da mente e das condições. A harmonia com a Lei Espiritual designa saúde, felicidade e prosperidade.

A pobreza é a causa principal do desassossego e das moléstias que afligem a humanidade. Afastai a pobreza pelo meio justo, que é a mudança de atitude mental, e todos os males que vos rodeiam desaparecerão. É da alçada da metafísica mental ensinar seus estudantes a se elevarem da pobreza para a opulência.

No Uno Universal, de que todas as *Coisas* se materializam, existe o suficiente para cada qual ter seus desejos satisfeitos sem tirar de quem quer que seja.

O Infinito Suprimento está ao redor de vós. Onde está a falta? Em vós mesmo. Não soubestes como receber o que é vosso. A lei é simples e foi estabelecida pelo maior economista político, maior sábio, sociologista e socialista conhecido nos registros históricos do mundo. Não era teólogo, nem tratou da questão de uma vida futura, porém tratou do modo mais prático das questões da "vida presente". Seu nome é Jesus. Assim expressou a lei: "Procurai primeiramente o Reino de Deus e a sua justiça e todas as coisas vos serão acrescentadas."

Analisai a lei. "O Reino de Deus está dentro de vós", disse ele. "Deus é Espírito", disse também. O Reino de Deus é, pois, vossa ALMA, vosso Ego. "Conhecei que sois espírito", é a lei. Vivei retamente, vivei de acordo com o Espírito, obedecei à lei espiritual, e então todas as coisas serão vossas. As "Coisas" são manifestações do Espírito uno.

Direções claras: vivei espiritualmente, amai o Bem, e todas as coisas que forem materializadas pelo espírito serão vossas conforme desejardes.

Primeiramente, as condições mentais e não as coisas. Amai o Bem! Confiai no Bem, com toda a fé! Em seguida, desejai aquilo que seja a vossa mais íntima aspiração. Esperai com perfeita confiança o resultado, e ele infalivelmente virá.

Entretanto, poucos entram neste caminho reto, porque amam o dinheiro, o poder e a ostentação etc., em primeiro lugar. Procuram as "coisas" em primeiro lugar.

Invertei o processo. Sois senhor, porque sois uno com Deus e, assim, reconhecereis o Rei em sua autoridade e seu verdadeiro lugar. Quando tiverdes tomado essa atitude de expectativa, originada no desejo e na confiança, "Deus fará a vossa obra". Ele o fará certamente, se essas condições forem executadas.

A pobreza é uma condição mental semelhante à tuberculose e outras moléstias pulmonares, podendo ser curada pelos mesmos meios, isto é, afirmando vossa posse de tudo como parte do Uno.

Repeti a afirmação: — Sou suprido de tudo pela Substância Infinita.

Sejam quais forem as aparências, repeti essa afirmação; por mais faminto e desabrigado que estejais, afirmai que Deus é vosso suprimento e que possuís tudo, como parte indivisível d'Ele. Ficai sabendo que a vossa pobreza é resultado legítimo da lei benéfica de Causa e Efeito. Semeastes em pensamento as sementes de pobreza e estais colhendo o resultado.

Porém, agora podereis semear, no meio dos resultados da semeadura anterior, a semente da abundância e assim como a pobreza nos veio da primeira sementeira, a abundância vos virá da atual.

Semeai! Por mais negras que vos pareçam as nuvens de vosso céu e por mais estéril que vos pareça o terreno. As sementes trazem Deus em si e não podem falhar.

Repeti a afirmação até vos compenetrardes que *tudo é vosso*, pois Deus está em vós e vós estais n'Ele. Assim tereis modificado vossa polaridade e vos tornareis atrativo para a abundância como o ímã atrai a agulha. Continuai a afirmar até que o suprimento venha.

A PERFEITA PAZ E PODER INTERNOS

A vossa realização cada vez mais profunda da paz e a vossa consciência cada vez maior do poder serão as bases reais de vosso verdadeiro equilíbrio.

A fim de produzirdes esses resultados, devereis aplicar vosso subconsciente extensiva e diretamente, porque ele é a fonte de todo estado ou condição que desejardes obter.

Imprimindo diariamente no vosso subconsciente a idéia de paz, obtereis uma realização cada vez mais profunda da paz, e se lhe imprimirdes diariamente a idéia de poder, recebereis diariamente uma consciência cada vez maior de poder. O subconsciente é o campo em que tudo poderá crescer e florescer e o que nele semeardes colhereis.

Para imprimirdes em vosso subconsciente aquilo que desejardes, dirigi vossa atenção para as profundezas da vida, pensamento e sentimento e pensai naquilo que desejardes manifestar da grande fonte interna. Quanto mais profundamente sentirdes a idéia representada por esse pensamento, mais profunda será a impressão feita e mais rapidamente aparecerão os resultados.

Se pensardes profundamente na paz, ao vos concentrardes no subconsciente, aprofundareis a vida da paz e colhereis mais paz, às vezes trinta, sessenta ou cem vezes mais.

Assim como uma só semente plantada em solo rico poderá produzir centenas, todas as idéias e impressões que entrarem em vosso subconsciente se multiplicarão extraordinariamente.

Pensardes profundamente no poder, ao concentrar-vos na mente íntima, é imprimirdes a idéia de poder no vosso subconsciente, plantardes a semente de poder, conseguirdes colher mais poder. Se, em seguida, imprimirdes diariamente no vosso subconsciente o desejo de mais poder, despertareis e expressareis mais poder dele, aumentando a capacidade de poder de vosso organismo. Pela perseverança, esta prática produzirá os resultados mais notáveis.

Para realizardes a impressão de um desejo no vosso subconsciente, devereis dirigir vossa atenção para o vosso íntimo e sentir profundamente esse desejo como já realizado e essa impressão se tornará firme e bem estabelecida, se esse desejo for profundamente sentido dias e semanas.

Se esse desejo for diretamente concentrado na própria mente subconsciente, os resultados serão naturalmente maiores e se manifestarão em menos tempo.

O vosso subconsciente abrange toda a vossa personalidade e penetra a mais fina essência de vossa mente, da mesma forma que a água penetra uma esponja, porém age sobre um plano de vida mais fino e mais profundo. Portanto, para concentrardes no subconsciente, dirigi vossa atenção ao plano mais profundo da vida, em todo o vosso organismo.

É da mais alta importância alcançardes uma consciência maior e melhor de vosso subconsciente de modo a poderdes sentir constantemente esse estado mais íntimo de vida e pensamento dentro de vós, porque assim cada pensamento que sentirdes profundamente entrará na vossa vida subconsciente e produzirá resultados de acordo com a sua natureza.

Em primeiro lugar, devereis dirigir vosso subconsciente para aprofundar a realização da paz e o aumento de vossa consciência de poder, a fim de possuirdes um equilíbrio mais perfeito, sem o qual não podereis desenvolver maiores forças.

Se imprimirdes diariamente o desejo de mais paz e mais poder, cada dia recebereis maior suprimento dessas duas qualidades indispensáveis. Observareis que vos tornareis cada vez mais serenos e obtereis uma calma perfeita, a qual não só será completa e profunda, mas também extraordinariamente forte.

A consciência de vosso poder se dilatará até sentirdes que vosso poder íntimo é ilimitado e, quando tiverdes esse sentimento, vosso futuro será verdadeiramente vosso.

Desde esse momento, nada poderá conservar-vos em condições inferiores, nada poderá impedir vosso caminho nem obstar que chegueis às supremas alturas que tendes em vista.

Ao sentirdes que há um poder ilimitado dentro de vós, vos impulsionareis sempre para a frente, sejam quais forem os obstáculos e os ambientes, e vosso destino será fazerdes grandes coisas na vida. Tocastes na fonte real da grandeza, e, portanto, a grandeza no mais alto grau estará positivamente armazenada para vós.

Quando sentirdes que essa paz profunda e esse poder maior estiverem perfeitamente combinados em vosso equilíbrio, começará em vós a consciência da vida real. Então, vos convencereis que a maior coisa que podereis fazer é *viver*, não *apenas* existir. A vida será a maior de todas as vossas realizações, porque as maiores aquisições provêm sempre da vida sempre crescente e mais abundante.

Quando alcançardes a Vida — a vida forte, calma e invencível — tereis chegado à paz que ultrapassa todo entendimento. Tereis vos colocado na esfera do poder que não conhece limites e entrado no estado de existência da verdadeira grandeza.

Não mais lutareis para virdes a ser, porque sereis tudo o que desejardes e encontrareis na vida tudo o que aspirardes a alcançar e atingir.

Tudo o que estiver ao redor de vós será Vida — a Vida calma e bela, — dentro de vós estará a Vida — a Vida forte e serena, —

anteriormente a vós estará a Vida — Vida eterna, ilimitada e maravilhosa, — e só na eternidade revelareis o que essa existência real tem armazenado.

Encontrardes a vida real é descobrirdes as possibilidades ilimitadas da grande fonte interna e saberdes que podereis empreender tudo, sem nunca falhar.

Aprendendo a empregar aquilo que a natureza já implantou em vós, podereis ser o que desejardes ser.

Porém, a primeira coisa que devereis fazer é adquirirdes vosso domínio e equilíbrio, realizando a perfeita paz em união com o ilimitado poder de vossa alma: — *ser calmo e viver.*

EFEITOS DA ATITUDE MENTAL SOBRE AS CONDIÇÕES FÍSICAS

Poderá ser plenamente demonstrado pela comparação das fases externas e internas de vossa vida que as condições e circunstâncias de vosso mundo físico são efeitos diretos ou indiretos dos elementos ativos de vosso mundo mental. A correspondência entre as duas é exata.

Todas as infelicidades de vossa existência poderão ser atribuídas a alguma falta de conhecimento ou erro na aplicação de vossa capacidade. Efetivamente, podereis evitar completamente pelo desenvolvimento de vossa penetração superior até mesmo as condições adversas que pudessem resultar das irregularidades aparentes da natureza.

A maior parte de vossa infelicidade provirá de fazerdes coisas impróprias ou fora de tempo e isso é conseqüência de confusão no trabalho mental ou de um juízo obtuso.

Se mantiverdes vossas mentes constantemente no estado de equilíbrio e harmonia, julgareis sempre bem e nunca dirigireis mal qualquer pensamento, força ou ato. Por conseguinte, se cultivardes esses estados mentais, podereis adquirir o poder de fazer as coisas certas no tempo certo.

Não vos considerais responsável por numerosas condições que geralmente vos rodeiam, porém, na realidade, ao entrardes em circunstâncias produzidas pelos outros, simplesmente entrais em alguma coisa que corresponde ao vosso próprio mundo mental.

Se tiverdes mentalidades normais, não entrareis voluntariamente em condições inferiores ou que não correspondam a vós mesmo. O fato de aceitardes ou seguirdes o ambiente produzido pelos outros prova que pertenceis a ele ou não sabeis a que ambiente pertenceis.

Ao entrardes cegamente em circunstâncias desagradáveis, a causa estará na vossa cegueira mental e, portanto, a circunstância exterior será efeito indireto de certa ação em vossa própria mentalidade.

Se tivésseis grande capacidade e pudésseis aplicá-la praticamente, jamais trabalharíeis em lugar em que vossa recompensa não fosse equivalente. Entretanto, se tiverdes grande capacidade, porém não possuirdes o elemento prático, podereis permanecer em posição inferior. Nesse caso, a vossa capacidade será mal dirigida e a vossa própria mentalidade será a causa indireta da circunstância indesejável.

Se vossa mente for delicada, ordenada e de nobre caráter, causareis admiração em muitos lugares em que as associações forem exatamente ao vosso gosto. Sereis procurados entre os melhores de vossa classe e tereis o privilégio de escolher os caracteres de vosso próprio mundo social. Assim, vos apelidarão de afortunado e isso se dará porque atraístes associações ideais pelo motivo de poderdes ser companheiro ideal.

Tendo desenvolvido mentalidade digna, pertencereis ao ambiente de mentalidades dignas e, por meio dessas associações, alcançareis inspiração para o desenvolvimento de um valor ainda maior.

Isso não só desenvolverá vosso progresso no vosso campo de ação, mas também vos permitirá atrair, encontrar e gozar associações ainda melhores no futuro.

Se fordes um nobre caráter, porém vos encontrardes entre associados inferiores, a causa certamente será a falta de qualidades positivas. Talvez estejais escondendo grande parte de vosso verdadeiro valor, permanecendo negativo. Podereis ser melhor do que pareceis e possuís mais do que empregais, porém, como é apenas o que empregais que vale, estareis apenas em associações que medem exatamente as suas compensações, não pelo que sois, mas pelo que empregais e expressais.

Um gênio poderá não ter oportunidade para empregar sua maior capacidade, e, se assim for, deverá existir uma razão para isso. Se for realmente competente, haverá centenas de excelentes lugares abertos para ele, porém, se for apenas um gênio e não tiver talento, não será competente.

Se tiverdes apenas a capacidade, porém não possuirdes a arte de aplicar vosso poder na utilidade prática, nada podereis fazer de valor, pois são os resultados que merecem os bons lugares na vida.

Portanto, vossas infelicidades e vossos insucessos não resultam de qualquer adversidade externa, mas sim do estado imperfeito de vossa própria mentalidade.

Contudo, elas poderão desaparecer e podereis receber boas e grandes coisas, se transformardes vossos gênios em talentos e aprenderdes a fazer alguma coisa de que o mundo necessite.

Podereis ser trabalhador hábil, porém estardes em condições inferiores por vos encontrardes constantemente fora de harmonia com as vossas associações. Se resistirdes a tudo e contrariardes a todos, conservareis sempre em vista vosso lado inferior e vossa capacidade ficará encoberta pelas vossas imperfeições.

Se persistirdes em manifestar o lado inferior de vossas capacidades, não podereis esperar promoção, porque ela seria prejuízo para a instituição e isso geralmente seria sentido instintivamente por aqueles que tivessem autoridade.

Toda empresa é continuada para obter resultados e, portanto, tudo o que interferir com os resultados deverá ser eliminado.

Para obterdes o melhor lugar, não só será necessário fazerdes um bom trabalho, mas também agirdes como homem. Portanto, ocultai vosso lado inferior até destruí-lo completamente. Se envolverdes o vosso trabalho inteligente numa atmosfera pessoal apoiada na harmonia, na perfeição e no caráter, será aberta para vós a melhor posição em vosso campo de atividade.

Se vos parecer que não encontrais oportunidade para vosso progresso, a causa estará em vosso estado mental. Deverá existir alguma coisa em vossa organização mental que coloca vossa capacidade e habilidade numa falsa luz perante o mundo.

O mesmo acontecerá convosco, se fordes mal compreendido, pois não estareis vos revelando como realmente sois, vossa natureza real estará sendo mal dirigida durante o processo de expressão e todos ficarão decepcionados convosco. Aquilo que produz a decepção estará em vossa própria mente e, enquanto isso permanecer, estareis mal colocados e não encontrareis os amigos e as oportunidades que serão realmente vossos.

A vossa má colocação poderá ser devida à falta de juízo ou má disposição de vossas capacidades e aptidões pessoais. Entretanto, podereis melhorar notavelmente vosso juízo por meio do pensar original e da penetração interna e as diversas faculdades de vossa personalidade poderão ser colocadas em perfeita ordem e harmonia pela prática de expressardes as maiores possibilidades em todas as fases de vossa existência.

O hábito de permitirdes que tudo aquilo com que entrardes em contato impressione a vossa mente e vos sugira um caminho ou método é a causa de muitos esforços mal dirigidos, sendo, por esse motivo, indispensável que vos conserveis na atitude de domínio próprio e preponderância de vosso Eu Real.

Muitas vezes podereis ter sido levado a entrar em circunstâncias a que não pertenceis pelo motivo de uma simpatia anormal. Essa simpatia, despertada por amigos egoístas, poderá ter-vos conservado em ação num campo estreito, quando numerosas oportunidades admiráveis vos estavam esperando.

Para corrigirdes essa condição, treinai-vos a simpatizar apenas com o lado superior das pessoas e as maiores possibilidades das coisas.

Aos vos simpatizardes natural e constantemente com o lado superior das pessoas, todos os desejos de vossa mente gradualmente fixarão sua atenção nas coisas superiores e sereis irresistivelmente arrastado para as associações superiores. Então, nem mesmo as simpatias anormais poderão desviar-vos do que for vosso.

Com o desenvolvimento de vossa simpatia pelas maiores possibilidades das coisas, vossa atenção será constantemente voltada para o maior, a vossa mente terá cada vez mais impressão de grandeza e, com esse poder, vos movereis para a grandeza, apesar dos obstáculos de vosso caminho.

O poder da simpatia é um dos maiores poderes existentes de atração; portanto, se vos simpatizardes apenas com o lado superior das coisas, isso mudará persistentemente o vosso ambiente para melhor. Dessa forma, produzindo mudança em vosso mundo mental, podereis revolucionar o mundo melhor.

Se observardes inteligente e cuidadosamente as mudanças e alterações que se darão em vosso ambiente pelo efeito de vossa atitude, encontrareis a prova evidente que vossos atos determinarão o que serão as vossas condições externas e as circunstâncias da vossa vida. E como cada ato vosso é causado pela vossa ação mental, toda mudança de vosso ambiente deverá ser precedida pela mudança mental.

A RESPIRAÇÃO CONSCIENTE

A respiração profunda consciente pode tornar-se mais do que o simples meio de oxigenação do sistema. Se for combinada com o Desejo, deliberadamente aplicada com um grau suficiente de persistência permanente, a respiração profunda poderá ser levada a servir para quase todos os propósitos.

Certamente uma simples aplicação não será suficiente. Mesmo o uso casual ou irregular da idéia aqui expressa será de pouca utilidade. Porém, uma aplicação diária, como é apresentada aqui, dará resultados que são tão certos e infalíveis como os efeitos de golpes persistentemente aplicados de um martelo.

No que é conhecido por psicologia aplicada e também na cultura física aplicada ou esforço aplicado de qualquer espécie e descrição, é o indivíduo que persiste na aplicação sistemática de um dado processo, que obtém resultados. O estado mental desorientado, indeciso, vacilante nestas práticas como no próprio jogo da vida faz o indivíduo completamente decaído, morto na ruína que não deseja ser, porém em que permanecerá até achar conveniente mudar sua mente.

É muito aborrecido conversar com um intelectual, cuja mente habitualmente age desordenadamente. Hoje deseja muito uma coisa e amanhã coisa totalmente diferente. Nessas pessoas, a persistência falta completamente, sendo substituída pelos desejos momentâneos. Nem a lâmpada maravilhosa de Aladin poderia agir com a rapidez necessária para executar o grande número e variedade desses desejos. Um indivíduo pertencente a essa classe geral escreveu-me o seguinte:

"Vosso artigo sobre a respiração profunda é muito interessante, porém li e experimentei diversos sistemas e cursos. Li também muitos livros, porém, nada me fizeram de bem. Ora, se puderdes dizer-me onde falhei, vos serei muito grato. Nada adiantará recomendardes mais livros, pois estou familiarizado com todos esses entulhos mentais e não posso pagar o preço."

Amável leitor, se vos for possível, apontai o ponto em que esta pessoa falhou e por quê. Não o teria descoberto, se não fosse pela minha percepção intuitiva geralmente muito viva. Em primeiro lugar, esse indivíduo não sabe o que quer. Simplesmente "tentou" muitas e muitas coisas, sem um objetivo definido. Não tirou proveito algum, porque, para começar, não sabia o que queria. Que diríeis de um homem que condenasse a Enciclopédia Britânica, por exemplo, porque ela não lhe foi útil, por causa de sua própria falta de aplicação? Compraríeis um dispendioso aparelho de rádio, colocando-o no chão, próximo ao fogareiro, e, finalmente, mandaríeis queixa ao fabricante porque o aparelho se estragou? Para esse indivíduo um saco de dinheiro também teria tão pouco valor! Não sabe o que quer. Apenas deseja coisas diferentes de um modo muito vago, porém não sabe o quê. Seu atual viver irregular não lhe agrada, porém não sabe como mudá-lo, nem o que lhe agradará. Há muitos nestas condições.

Porém que é que tem a respiração profunda com tudo isso? Não aprendestes como o oxigênio afeta vosso físico de um modo estritamente material? Realmente assim é. Porém, conheceis também alguma coisa do Éter Universal, o elemento original de que tudo provém. Esse Éter é composto de Electrons e Mente. Os Electrons são admitidos por cientistas reconhecidos, de eminên-

internacional como constituídos de pura eletricidade negativa. A Mente, por sua vez, é a Mente negativa ou inativa que deverá ser posta em movimento por um pensador a fim de se tornar Pensamento ou força dinâmica.

Sempre que respirardes sem um objetivo, simplesmente obtereis os proveitos dos efeitos mecânicos e químicos do oxigênio, que em si mesmos são necessários e valiosos. A respiração imprópria e insuficiente é a causa direta de muitos males. Em primeiro lugar, a respiração habitualmente insuficiente deixa os pulmões sem capacidade suficiente. Toda função do corpo depende dos pulmões e da nova vida que dão em cada respiração aos bilhões de células de que o corpo se compõe. Os pulmões defeituosos são resultado de respiração imprópria e são a causa de muitos males. As varizes resultam da falta de força dos pulmões. O endurecimento das artérias resulta da má circulação, que, por sua vez, provém de uma ação defeituosa dos pulmões. Se os pulmões deixarem de fornecer a energia que faz o sangue circular convenientemente através das veias para voltar ao coração, todo o organismo sofrerá.

Portanto, não deixeis de respirar sempre profundamente até que a respiração profunda se torne um hábito. Aspirai a maior quantidade de ar que puderdes, tanto de dia como à noite. O ar comum é um dos mais importantes elementos curadores para tudo e deverá ser empregado liberalmente, pois pode ser obtido sem dispêndio.

O pensador que tem um objetivo poderá, em cada vez que inalar, agir sobre a mente estática do Universo e fazê-la agir dinamicamente sobre os Electrons, de acordo com o propósito expresso. Nesta sentença se acha expresso um dos mais importantes segredos da natureza.

A CONSCIÊNCIA DE POSSE

No vosso estado atual, vos encontrais preso entre as grades de vossos sentidos. Como a águia, que possui a capacidade de elevar-se ao cume das mais altas montanhas, porém está impedida pelas grades da gaiola em que se acha, as quais poderia romper com um esforço de suas garras, *se soubesse* que pode fazê-lo, estais aprisionado e *lançais* vosso olhar através dos sentidos, contemplando as alturas da liberdade e das aspirações almejadas, porém deixando de empregar o poder de que dispondes para alcançá-las, por não saberdes.

A águia vê a limitação da gaiola e julga que está aprisionada. Vós vedes as aparências que vos circunscrevem e julgais que estais limitados. Raramente descobris que, *se pensardes diferentemente*, vereis um meio de *escapar*. Tendes em vós o poder de ver e pensar ou o de pensar e ver. O primeiro é limitação; o segundo é liberdade. A mudança de vosso pensamento automaticamente mudará vossa visão, porém verdes e pensardes apenas como vedes é conservar-vos na limitação dessa visão e não dardes possibilidade para outra.

Vivendo tanto tempo no sentido puramente material das coisas, foi-vos difícil elevar o plano de vossa consciência acima dos sentidos. Julgastes todas as coisas pelo testemunho de vosso tato, gosto, olfato, ouvido e vista, habituastes-vos a crer que só possuís aquilo que podeis ver com os vossos olhos físicos e pegar com as vossas mãos.

Entretanto, algumas almas obtiveram uma visão superior. Elas podem testemunhar agora "o que sabem", da mesma forma que Jesus o fez em seu tempo, e podem afirmar com absoluta certeza que apenas a infinitésima parte de vossos bens está manifestada no plano da forma, que sois Espírito uno com o vosso Pai (Causa), Deus, e que, dentro de vós mesmo existe o poder de expressar todas as formas do invisível no visível, e até tendes o poder de transformar as formas manifestadas se não corresponderem aos vossos desejos.

Se vos limitardes ao reino da forma, certamente estareis na pobreza. Vossa riqueza estará ainda no reino do imanifesto, do qual podereis fazê-la manifestar-se e tomar forma, bastando-vos para isso apenas *notardes que vosso suprimento está presente* para ser expresso e que podeis *adquirir a consciência* da lei pela qual o manifestareis.

Isso está fora do alcance de vossos sentidos, porque o imanifestado não pode ser visto, porém a consciência da lei está em vossa mente. Portanto, se existe uma lei que torna visível o que é invisível, necessariamente tereis de encontrá-la na vossa *mente*.

Forçando-vos a despertar a essa lei, a experiência vo-la poderá ensinar, ou também podereis aceitá-la por terdes visto a sua prova incontestável na existência de outrem. Se receberdes essa *instrução* de qualquer dessas duas formas, tereis grandes vantagens.

Jesus de Nazaré, o Mestre desta lei, que a provou enfrentando e vencendo todos os problemas humanos, a delineou claramente com as seguintes palavras: "Tudo o que pedirdes ao orardes, crede que já recebestes e tê-lo-eis." Expressas de um modo mais simples, querem dizer: "O desejo não manifestado se expressará, quando sua verdadeira Fonte (Deus) for sentida, sua forma for delineada pelo vosso pedido a essa Fonte e mantiverdes em vossa mente a crença ou convicção de que já está manifestado. Assim o vosso desejo se realizará "de acordo com a vossa crença" ou *lei da mente*.

Olhardes para a Fonte — a Causa, Deus — na prece, é desviardes o pensamento do visível para o invisível. A coisa desejada ainda não é vista, não é ainda manifestada em vossa experiência, porém olhando para o invisível, podereis funcionar conscientemente acima do plano dos sentidos.

Desse ponto, podereis ver de dois modos diferentes: — podereis ver a necessidade, no momento tão aparente, testemunhada pela vossa vista física, ou podereis ver (perceber) a *suprimento não manifestado, enchendo a falta,* realmente enchendo a forma constituída pelo desejo.

Visto que a lei é: "Crede que tendes e tê-lo-eis", segue-se com absoluta certeza que crerdes que *tendes necessidade* (vendo o desejo não satisfeito) é continuardes a manifestar a necessidade. *Crerdes* com a mesma certeza que a *vossa necessidade foi satisfeita* ou foi enchida completamente pela essência espiritual onipotente, indivisível e invisível, é fazerdes que essa essência se expresse ou torne visível, na forma de manifestação do objeto de vosso desejo.

Podereis conceber o que o sentido da vista vos informa que é vazio e necessidade, e crer nisso, ou podereis conceber o que a vista espiritual, a percepção interna, informa que existe e será perfeitamente suprido e crerdes nisso. No último caso, é a vossa mente que concebe a idéia que deverá nascer ou manifestar-se, ao passo que, no primeiro, ela nascerá da concepção inferior de vossos sentidos.

A vossa idéia, concebida pela ação superior de vosso espírito sobre vossa mente, ou pela ação inferior de vossos sentidos sobre ela, nascerá e se expressará materialmente e *vivereis nela,* ou constituirá parte de vossa experiência consciente, sendo vossa própria *criação*.

Quão admirável vos será poderes ver além dos sentidos! Quão libertadora será a vossa compreensão de que devereis criar a forma, que é pela vossa ação que a substância recebe forma! Essa visão interna é a percepção espiritual. É a percepção de alguma coisa que realmente *existe*, porém, não estando concebida na forma mental, não poderá ser examinada pela razão. Por este modo de compreender as coisas, vos será fácil a compreensão de que "tudo vos é possível e não há nada impossível". Neste ponto, vossa alma tocará no ilimitado. Finalmente, tereis vossa liberdade. Estareis no plano de consciência em que vossa paz "ultrapassará o entendimento". Podereis até sentir a "hora em que não pensareis", na qual "virá o Filho do homem", e o puro saber — a iluminação — vos satisfará plenamente e as dúvidas e questões se acalmarão. Essa será a vossa realização, pela qual a vossa razão e o vosso intelecto se tornarão servos de vossa alma e esta nunca mais estará presa pelos vossos sentidos. A vossa alma construirá, então, seu templo pela consciência de si mesma e não se prenderá pela consciência dele. A Sabedoria se entronizará em vossa mente e governará seu reino.

Quando tiverdes atingido esse plano de consciência, não sereis mais governado pelo dinheiro, nem obrigado a curvar-vos diante da imagem de ouro. Sereis promovido em Babilônia e a consciência dominante (o Rei) governará seu reino para servir o verdadeiro Deus: o Espírito. Quando tiverdes alcançado esse plano de consciência, as vossas riquezas externas se tornarão tão grandes como nunca se viu no mundo, porquanto podereis fazer com facilidade todas as formas. Se o quiserdes, podereis chegar a ter "ruas de ouro", sem trabalho. Não mais tereis de ganhar o pão com o suor de vosso rosto, pois tudo conseguireis facilmente. Ninguém mais será movido pela inveja, porque cada qual poderá ter facilmente tudo o que desejar. Ninguém mais pensará em roubo, pois todos poderão criar com facilidade o que precisarem! Que admirável terra prometida!

E como chegareis a isso? Vivendo a todo momento no *lado superior da vida*. Recusando deixar prender-vos pelo pensamento de limitação ou inveja que o reino dos sentidos vos possa sugerir, elevando-vos à altura do amor que vos permita abençoar vossos irmãos e os *negócios deles*, pois a *percepção espiritual* vos mostrará que podereis fazê-lo facilmente! Vivendo no reino ilimitado do pensamento, no qual podereis caminhar "duas milhas" com aquele que vos pedir que o acompanheis "uma" — pois, vossa força será tão grande e as energias do Espírito fluirão através de vós com tanta facilidade! Tudo isso conseguireis, elevando-vos acima das concepções humanas, e observando apenas a divina, que é a única verdadeira.

Essa foi a consciência de Jesus Cristo, que, na hora de sua grande tentação, recusou os "reinos do mundo", não querendo satisfazer seus sentidos pelo mau uso da lei divina, porém esperou e triunfou, e os "anjos vieram consolá-lo".

Foi para essa altura de pensamento que convidou seus discípulos. Pela sua percepção espiritual, alimentou a multidão em duas ocasiões diferentes, *admirando os sentidos dos que a constituíram*, pelo aparente milagre feito pela sua capacidade de *saber que era assim* aquilo que parecia não ser. Num lugar ermo, ele os alimentou por meio de sua percepção espiritual.

Escutai o que diz Marcos, no oitavo capítulo de seu *Evangelho*:

"Ele, dando um profundo suspiro em seu espírito (eles eram tão cegos!) disse: "Por que pede esta geração um sinal?" (uma aparição exterior).

"E deixando-os, tornou a embarcar e foi para o outro lado.

"Os discípulos esqueceram-se de levar pão; e não tinham consigo na barca senão um só. Jesus dera-lhes este preceito: Olhai, guardai-vos do fermento dos Fariseus e do fermento de Herodes (o método de desenvolvimento em que o mundo crê). Eles discutiam entre si, porque não tinham pão. Ele, notando-o, perguntou-lhes: Por que *discutis*, por não terdes pão? *Não compreendeis*, nem entendeis ainda? Tendes vosso coração endurecido? Tendo olhos, não vedes? Tendo ouvidos, não ouvis? Não vos lembrais quando parti os cinco pães para os cinco mil, quantos cestos cheios de pedaços levantastes? Responderam eles: Doze. Quando parti os sete para quatro mil, quantas alcofas levantastes? Responderam: Sete. Ainda não entendeis?"

Poderia ele ser mais claro do que expressou por essas palavras? Eles raciocinavam pelo que viam, ao passo que deveriam ter percebido pela visão interna ou do lado espiritual. Até seus próprios "corações" se haviam endurecido pela sensação da materialidade, não tendo ainda compreendido donde vinham todas as formas.

Ouvi agora o que disse Salomão nos *Provérbios,* capítulo oitavo:

"A vós, ó homens, clamo!... Entendei, ó loucos, a sabedoria. Tende um coração compreensivo. Ouvi, pois falarei coisas excelentes; e proferirão meus lábios coisas retas. A minha boca pronunciará a verdade.

"Recebei a minha instrução e não a prata; e o conhecimento antes de que o ouro escolhido. Pois a sabedoria é melhor do que os rubis; e tudo o que se pode desejar, não é para ser comparado com ela.

"As riquezas e a honra estão comigo, bens duráveis e justiça. Melhor é o meu fruto do que o ouro, do que o ouro fino; e a minha renda do que a prata escolhida.

"Ando pelo caminho da *justiça...* para *dotar de bens* os que me amam; e *encherei os seus tesouros.* "

Com que clareza Salomão oferece! A Sabedoria oferece ao homem a riqueza, pela forma justa e proveniente do lugar justo, por meio da percepção espiritual. Isso é muito superior ao ouro e à prata dos sentidos, que se limitam apenas à forma; porquanto a Sabedoria, percepção espiritual, vos fará *herdar a substância* — a substância espiritual de que se *formam* o ouro e a prata — e vos ensinará o modo de formardes retamente os vossos tesouros, guiando-vos no caminho da retidão, em que não haverá enganos e sereis abundante e honradamente suprido. A riqueza de Jesus estava na percepção desse tesouro íntimo de Substância espiritual e da Lei do Amor, pela qual poderá ser levada à manifestação.

Ensinou ele: "Não ajunteis para vós tesouros na terra, onde a traça e a ferrugem os consomem, e onde os ladrões penetram e roubam; mas ajuntai para vós tesouros no céu, onde nem a traça nem a ferrugem os consomem, e onde os ladrões não peneram nem roubam; porque onde está o teu tesouro, aí também estará teu coração."

No coração do Espírito estão os "tesouros" das idéias indestrutíveis, os quais não poderão ser tirados da alma que realmente os possui, mas poderão ser, a todo tempo, manifestados no reino da forma, desde que seja necessário.

Quão rico é o filho de Deus que "entrou" nesse lugar secreto e se considera herdeiro de "tudo quanto o Pai tem".

A fim de entrardes nesse reino, devereis fazer-vos como uma criancinha em vossa consciência, pela sinceridade e confiança de vosso pensamento, e ao terdes entrado nele, vos sentireis como rei no vosso trono, tudo estando sujeito à vossa vontade e sendo possuidor de tudo.

DESCOBERTA E REALIZAÇÃO DE VOSSO IDEAL

Para descobrirdes e realizardes vosso ideal, devereis ter duas faculdades desenvolvidas, pois só assim sereis completo e podereis dominar vosso destino.

A primeira é a faculdade profética que vos permitirá ver os antecedentes das coisas, penetrar dentro e acima delas, discernindo as leis básicas, os princípios fundamentais e as possibilidades ilimitadas que existem por toda parte. É a visão do ideal, o qual não é apenas uma simples puntura mental, mas a descoberta de alguma coisa superior e maior do que aquilo que realizais atualmente, a qual podereis fazer no presente, se o quiserdes.

Essa faculdade poderá ser desenvolvida pelo uso construtivo de vossa imaginação, o emprego constante da penetração interior e a prática de procurardes as maiores possibilidades em tudo aquilo com que entrardes em contato.

Não é suficiente descobrirdes a grandeza e o ideal, pois ele deverá ser realizado e não apenas imaginado ou sonhado.

Certamente, é preciso perceberdes as coisas maiores antes de poderdes fazê-las, e percebê-las é terdes idéias.

A segunda faculdade é a faculdade científica, pela qual dareis realidade ao ideal, e a qual se desenvolverá pelo pensar científico e a aplicação prática de todo princípio e lei descoberta.

A primeira coisa essencial para tornardes real o ideal, é *removerdes* de vossa *consciência* o *abismo* que parece existir entre os resultados atuais e as maiores possibilidades.

Recusai pensar nesse abismo, porque pensardes nele é impressionardes vossa mente com a idéia de que o maior está fora de vosso alcance. Essa impressão impedirá vossa mente de alcançar o maior, freqüentemente produzindo nela estados de desespero, os quais não só enfraquecerão vossa mente, mas também vos farão abandonar-vos à influência de vosso ambiente.

Se a vossa mentalidade for desanimada, vos submetereis ao ambiente e cedereis às impressões de insucesso, fraqueza e inferioridade, ao passo que, para dominardes vosso destino, devereis fortalecer cada vez mais a vossa mente.

Todos os fatores de vosso destino correspondem à vossa vida e todo elemento de vossa vida é governado, dirigido e modificado pelo vosso pensamento.

As causas criadoras de vosso destino acompanham vosso pensamento, à proporção que ele passa. Por essa razão, para melhorardes vosso destino, vossos pensamentos deverão ser dirigidos para a frente e para cima, seguindo firmemente o ideal que tiverdes.

Para desviardes vossa mente do *abismo aparente* que existe entre os resultados atuais e as maiores possibilidades, dirigi toda a vossa atenção não só para os ideais, mas também para vós mesmo. Se assim fizerdes, imprimireis o ideal de vós mesmo em vossa mente e criareis pensamentos semelhantes ao vosso eu ideal, o vosso eu pessoal tornando-se semelhante aos pensamentos que tiverdes. Dessa forma, por um processo simples, vosso eu pessoal entrará, diariamente, num aperfeiçoamento constante e cada vez mais semelhante ao ideal.

Pela realização de vosso constante progresso pessoal, impedireis todo pensamento de desânimo e entrareis na lei por meio da qual um ganho leva a outro, e mais, adquire mais.

A lei é que começareis a realizar o ideal em vossa vida, quando vosso eu pessoal começar a desenvolver-se à semelhança do ideal. Portanto, aspirardes ao ideal, sem nada fazerdes para vos tornardes mais ideal, é continuardes a conservar-vos afastado dele.

Só os semelhantes se atraem e somente os que se assemelham são atraídos ao mesmo mundo; portanto, para viverdes no mesmo mundo que o vosso ideal, devereis tornar-vos semelhante a ele.

O ideal não poderá descer para vós, porém podereis elevar-vos a ele, pois esse é o verdadeiro modo de vos moverdes.

Podereis tornar ideal uma parte de vosso eu pessoal, colocando diante dos poderes criadores de vossa mente o ideal correspondente de vosso eu real, pensando que o vosso eu real é a mesma coisa que o vosso eu ideal.

O ideal de vós sois vós mesmo; sois o lado ideal de vós e o vosso lado atual ou exterior é apenas uma expressão parcial do vosso eu ideal e verdadeiro.

O vosso lado ideal é o lado completo, que sois vós mesmo. Não sois o lado incompleto, porque o incompleto só poderá ser o efeito parcial de uma causa completa. O incompleto só poderá vir do que é completo; portanto, o fato de vosso eu pessoal ser incompleto prova que provém de um eu que é completo.

Não sendo possível serdes completo e incompleto ao mesmo tempo, devereis ser o eu completo, ao passo que o vosso eu pessoal deverá ser apenas uma expressão parcial de vós mesmo.

Ao vos compenetrardes perfeita e claramente disso, sabereis que já sois ideal completo e estais na posse de possibilidades ilimitadas. Ao *saberdes* que já sois ideal, *pensareis* em vós como ideal.

Imprimireis em vossa mente o ideal, de modo que vossas maiores possibilidades e vossos pensamentos não só serão ideais, mas também conterão o poder de expressar as maiores possibilidades.

Esse poder será expresso em vosso eu pessoal, porque o poder de todo vosso pensamento será expresso em vosso eu pessoal, fazendo-o maior e mais perfeito pela constante realização do ideal.

Para realizardes vosso ideal, não será necessário mudardes vosso ambiente atual ou adotardes algum modo radical de viver, nem convirá transportar-vos a outra esfera qualquer.

Os ideais que vedes estão em vosso próprio caminho, diretamente na vossa frente e positivamente os atingireis ao vos moverdes para a frente.

Não podereis ver os ideais de outras mentes e os ideais que vedes estão sempre no vosso próprio caminho e poderão ser atingidos somente por vós. O segredo para atingi-los está em vos moverdes sempre para a frente em vossa própria vida. Sede sempre vós mesmo e alcançareis tanto o poder como a capacidade de obter o que tiverdes em vista.

Não haverá tempo de espera nem tereis de tornar-vos absolutamente perfeito para realizardes o ideal. Desde o momento em que começardes a desenvolver vosso eu pessoal à semelhança do eu ideal, a vida ideal começará a ser real na vossa vida pessoal, e, se impressionardes vossa mente apenas com impressões escolhidas e superiores, desenvolvereis vosso eu pessoal com maior rapidez. O princípio básico para realizardes o ideal está em tornardes tudo em vossa vida cada vez mais semelhante a ele.

Se cultivardes o sentimento de amizade ideal, atraireis amigos ideais. Se tiverdes delicadeza e refinamento no vosso modo de agir, pensar e falar, atraireis pessoas de caráter nobre e elevado.

Se desenvolverdes maiores capacidades, maiores resultados colhereis no mundo das realizações, e, com o desenvolvimento de vosso poder criador, melhores ambientes e melhores coisas vos virão.

A beleza de vossa vida mental se expressará na beleza de vossa existência física e, dando o melhor ao mundo, certamente recebereis o melhor.

PARA ALCANÇARDES VOSSO BEM

> "Dai, e dar-se-vos-á; boa medida, recalcada, sacudida, transbordando, vos porão no regaço; porque a medida de que usais, dessa tornarão a usar convosco", disse Jesus, conforme Lucas, 6:38.

A Ciência de Jesus é positiva e imponente. Está tão certo de sua premissa quanto o químico ao apresentar suas fórmulas à classe de estudantes. Nisto está sua Lei de Justiça, sua Lei de Eqüidade, sua Lei de Equilíbrio, sua Lei de independência. *O Universo corresponderá aos vossos pensamentos. Obtereis conforme derdes.*

A vossa vida deverá ser uma aprendizagem da simples verdade que, conforme semeais, assim recebereis. O agricultor nunca põe em dúvida esta lei. Sabe que se semear aveia, terá de colher aveia. Ser-lhe-ia inútil arrepender-se e pedir ao Deus da Natureza que lhe perdoasse o erro e lhe desse trigo. Se quiser colher trigo, terá de arrancar a aveia e semear trigo.

Uma lei de Deus explica todas as leis. "Aquele que me diz uma das minhas significações é senhor de tudo o que sou." Assim como é no físico, também é no mental e no espiritual. Quão bendita é esta Lei. Torna vossa alma destemida e livre. Não vos deixa à mercê dos outros. Não vos diz que o que os outros vos dão, dareis em retribuição. Coloca a iniciativa em vossas mãos. Vou dar-vos uma simples ilustração. Suponhamos que fôsseis chamado ao palácio de um rei. Ao entrardes nele, encontrastes o chão, as paredes e os tetos recobertos de tesouros incalculáveis. Suponde, então, que o rei vos dissesse: "Tudo isso é meu. O dar não me empobrece nem o reter me enriquece. Sois meu filho — todos os homens são meus filhos. Aqui todos os meus tesouros eternamente fluem livremente, e, entretanto, meus filhos estão morrendo de fome por não saberem que a casa do pai está repleta e tem muita sobra. Este palácio é para vosso uso e tudo o que derdes para os outros, recebereis. Nem mesmo dependereis, em relação aos vossos bens, das pessoas às quais derdes. Eu me comprometo ao cumprimento de toda promessa."

Não se comoveria vosso coração de alegria? Não sentiríeis uma gloriosa sensação de liberdade ao meditardes na Lei que vos foi revelada? Não é isto alguma parte da significação da Parábola do Filho Pródigo? Na natureza das coisas, não há necessidade para que, neste belo planeta nosso, haja pobreza ou necessidade. Se apenas compreendêsseis a Lei do Reino, veríeis que, da mesma forma que existe ar suficiente para todos os pulmões também existe uma suficiência completa de todos os bens para todas as necessidades da humanidade.

Não poderá existir um sucesso real que se afaste desta idéia. A terra é do Senhor, assim como a plenitude de seus bens. Estais sempre na casa do Pai e Ele vos diz eternamente: "Tudo o que tenho é teu." Todo sentimento de separatividade é fraqueza. Nunca deveríeis pedir ao Pai *"vossa parte"*. É como se duvidásseis que existe ar suficiente para todos e construísseis egoisticamente um grande palácio, dizendo ao Deus da Natureza: "Enchei agora isto para mim e não mais pedirei. Viverei dentro dos limites de meu palácio e respirarei eternamente a minha parte de ar." Se o Deus da Natureza atendesse ao vosso pedido, ficaríeis garantido com a posse do ar que vos pertencesse, porém ficaríeis separado da livre corrente de ar celeste e o ar fechado se estagnaria.

A percepção de Jesus era que tudo o que o Pai tem pertence a todos os Seus filhos, em condições iguais e para sempre. E a ciência, que é sempre a serva da verdadeira religião, vos ensina que o poder é ilimitado e indestrutível — que nada é perdido, e que, apesar de todo o ar que foi respirado, existe tanto ar e tão bom como sempre houve. Ela vos ensina que viveis num universo em que tudo se renova, germina e cresce.

"Tudo o que o Pai tem é meu." Esta é a afirmação que produz a opulência e a plenitude. Meditai nestas palavras e vos tornareis como uma planta nascida à margem de caudaloso rio. Qualquer pensamento de separação, qualquer sentimento de necessidade vos será impossível se, pela penetração espiritual, vos compenetrardes que a Plenitude e Perfeição é a Lei da Vida. Toda tentativa de economizar ou guardar, pelo temor de faltar, será sempre punida pelas boas Leis que sabem terem sido desobedecidas. Desde que economizeis pelo sentimento de falta, vos rebaixareis. Pelo contrário, à proporção que empregardes vossos poderes a fim de vos fazerdes canal de bênçãos, expandir-vos-eis em glória crescente.

"Para aquele que tem e usa o que tem, será dado." Aquele que guarda sua vida, a perderá com tanta certeza quanto dois mais dois são quatro. Ponde-o à prova. Envolvei cuidadosamente vosso braço a fim de economizar e guardar suas forças e vereis o que sucederá. O braço secará e endurecerá.

Se, ao ouvirdes esta lição, uma nova luz penetrar em vossa mente, descobrireis uma nova região de poder, mas se disserdes egoisticamente: — "Conservá-la-ei secreta; nada direi aos meus amigos necessitados, aplicá-la-ei às minhas próprias necessidades", — não só roubareis aos outros, mas também a vós mesmo. A vossa visão se perderá e a fonte de vossa inspiração deixará de fluir. Porém, se, no vosso entusiasmo da descoberta, chamardes todos os vossos amigos e procurardes explicar-lhes a Lei, a vossa própria visão se desenvolverá e sentireis que aquilo que é verdade para Deus também o é para vós. O dardes não vos empobrecerá. Toda a natureza ilustra essa Lei Divina. Um pedaço de aço, estando magnetizado, se não for ativamente empregado em magnetizar outros pedaços, logo perderá seu poder. Conservará seu magnetismo somente usando-o.

Jesus sempre vos apelou para que fôsseis imitadores de Deus, que dá vida e sustento para todos. A mais alta visão é a visão de Deus. Vós sois feito à imagem e semelhança do Pai e todos os poderes do Pai se manifestam no Filho.

Quão diferente é a Divina psicologia de Jesus da psicologia dos que estão cegos à Realidade. Os que são dominados pelos sentidos se sentem separados dos outros homens e lutam para alcançar a sua parte; e tão cegos geralmente estais que exaltais aqueles cujas posses separadas se estendem extensamente no horizonte. Quanto vale fulano? Fazei essa pergunta nas ruas e as respostas serão em cruzeiros. Porém, o imposto é pesado. Ninguém poderá fugir da lei de compensação, pois Deus vive em Seu universo e os dados do jogo da vida são pesados. Nenhum bem deixa de ser retribuído e nenhum ato parcial ou egoísta deixa de ser punido.

Não penseis que isto designa miséria e esmolas. Conhecerdes a Deus, viverdes como Deus, é terdes o domínio das coisas.

Se entrardes nos lugares secretos do Altíssimo, adquirireis o conhecimento de manifestações da Lei que mostra que vosso bem-estar é caro ao coração do Ser. Ordenai que estas pedras se tornem pães, disse o tentador ao Filho do homem. Jesus sabia que era possível e mais tarde exerceu seu poder para alimentar cinco mil pessoas. Porém, não para si mesmo! "Tenho carne para comer que não conheceis", foram as suas palavras para os que lhe perguntaram.

Esta lição não é destinada a ensinar-vos a dar coisas para obter outras, nem a dardes simplesmente para receberdes, nem porque gostais de dar. Isso é proibido pelo Mestre. Devereis dar como Deus dá e devereis lembrar-vos que Deus não dá de forma a enfraquecer. Muitos pais enfraquecem seus filhos, dando-lhes o que seria melhor deixá-los obter por si mesmos.

Jesus não fundou hospitais, não construiu livrarias, nem se

sabe que tenha dado esmolas. Sua grande obra foi ensinar doze homens a viverem a vida do Espírito. Pensar é mais importante do que agir. Dardes dinheiro a alguém, exceto em circunstâncias extraordinárias, é tirar-lhe a independência. Despertardes a semelhança divina nele, de modo a tornar-se servidor de si mesmo e eficiente é dardes como Deus dá.

Refiro-me a isto porque muitas vezes me disseram: "Conheço pessoas que gostavam de dar e agora nada têm" ou "Conheço uma pessoa que está sempre servindo e fazendo as coisas para o resto da família e agora a família a espera e pede-lhe serviços".

Esse argumento está fora da linha. Deus coloca todos os materiais necessários ao alcance de seus filhos, porém, o ouro não está à superfície, nem o pão cresce nas plantas. Se imitardes ao Deus da Natureza, não sereis proibicionista nem máquina de trabalho. Procurareis desenvolver a força e o caráter em tudo. Não procurareis remover o peso dos ombros, mas fortalecereis os ombros para o peso.

Henri Victor Morgan escreveu: "A maior bênção de minha vida me foi dada por um instrutor do Novo Pensamento que não possuía um só dólar. Eu me encontrava dominado pela crença nas palavras de Shakespeare, conforme as quais havia perdido a maré dos negócios que conduzem o homem à vitória. A carga me parecia muito pesada. Meu amigo congratulou-se comigo por todos os meus prejuízos, dizendo-me que o fato de ser tão pesadamente oprimido era prova de que era considerado digno. Fortaleceu-me com incessantes afirmações. Chegando a casa, escrevi um poema que foi publicado em diversas línguas, sob o título de — Oportunidade, o qual diz:

Ponderei muito tempo sobre as linhas de Shakespeare, a respeito de uma maré em toda a vida, a qual, aproveitada plenamente, levará à vitória; negligenciada, terminará em notória nulidade.

E enquanto ponderava, disse:

"Oh, quando é o tempo? Como poderemos conhecer o momento em que poderemos apanhar a onda? E evitar a descida?"

A Voz profunda respondeu: "Escrevei para todos os que

se inclinam pesadamente sob o peso da vida: uma palavra viva é toda a vossa necessidade. — Em letras ardentes escrevei-a: AGORA."

Após muitos anos de experiência na aplicação dos princípios da Ciência Divina, sei que meu bem sempre esteve me procurando, porém, foi conservado afastado de minha posse imediata pelos meus pensamentos ansiosos. Posso ver que toda prova, toda moléstia, toda calamidade aparente foi uma bênção disfarçada. Posso ver como, em todas as coisas, "a minha força se tornou perfeita na fraqueza", e sei que essa é a Lei da Vida, pois a minha própria experiência foi verificada por todos aqueles que venceram a tirania da vida. Vedes, assim, que, ao procurardes vosso bem, não devereis procurar a facilidade; preferivelmente devereis colocar diante de vossa vista as palavras de Browning:

*"Então aceita toda resistência,
Que dá aspereza às branduras da vida."*

Essa é, pois, a vitória — verdes que tudo age combinadamente para o bem daqueles que amam a Deus; que, à proporção que procurais levar a humanidade sofredora a esta compreensão, estareis merecendo a maior bênção; que, à proporção que derdes exemplo da ação da Lei em vossas próprias vidas, estareis ajudando os outros. É apenas demonstrando em vossas próprias vidas que podereis ensinar os outros com resultados.

É apenas à proporção que a Palavra, ou o Ideal, for feito real que terá poder de atrair todos os homens e mulheres pelo seu irresistível encanto. O mundo está cansado de homens e mulheres de mentalidade tacanha, corpo fraco e condições limitadas, que procuram ensinar aos outros o Caminho.

É verdade que podeis ensinar por aspiração e pintar as virtudes que não possuís, porém, nunca devereis estar contente enquanto a manifestação exterior não corresponder à realização interna.

"Seja feita a tua vontade, assim na terra como no céu", é a poderosa realização da alma que vosso Deus está à vossa disposição aqui neste momento e que vossos ideais poderão ser realizados e vossas realidades idealizadas.

Ó maravilhoso filho do Infinito amor que sois destinado a ter domínio semelhante a Deus, por que vos conservais no pó? Pródigo afastado da casa de vosso Pai, procurando satisfazer vossa alma com bolotas.

Chega a manhã! Estais sobrecarregado?

Sabei que vossa carga poderá ser levada em asas e o peso que suportais agora pela iluminação do amor poderá ser levantado e vossa alma ficar eternamente livre.

Escutai, e no lugar profundo de vossa própria alma, ouvireis a Voz do Espírito, dizendo:

"Não podereis fugir de vosso bem."

IMPORTÂNCIA DA ATITUDE MENTAL

Todas as moléstias começam na mente e não há moléstia que não seja *curada* por um estado mental *correto*. Se isso não fosse verdade, as esplêndidas promessas que estão incluídas na Lei Universal simplesmente designariam uma falsa proposição.

Entretanto, ao experimentá-las, vereis que são certas, nunca deixando de dar-vos o "excedentemente abundante" além do que podeis pedir ou mesmo *pensar*. É porque duvidais disso que "pedis e não recebeis, porque pedis erroneamente", e que vos desculpais de não cumprir as exigências da Lei, essa *obediência* fazendo que todas as coisas vos sejam possíveis.

A fé é a *substância* de que virá a vossa *cura* de todo mal físico ou problema material. Porém, sem a *fé* na *verdade*, vossa existência certamente se assemelhará à da mulher descrita nas Escrituras, que sofreu muitos tratamentos de numerosos médicos e despendeu tudo o que tinha, sem melhora alguma, ficando pior. "Quando *aceitou a verdade*, ficou *instantaneamente curada*".

É perfeitamente possível mudardes a moléstia, a pobreza e a infelicidade em *saúde, prosperidade* e *satisfação,* se desejardes essas condições suficientemente para fazerdes os sacrifícios necessários para obtê-las.

Se não tiverdes tal interesse, dificilmente realizareis grande coisa, pois *"a fé sem obras"* é tão morta atualmente como no tempo de Cristo.

A Ciência Espiritual é apenas um modo *sincero de aceitar* a verdade que o Mestre ensinou, a qual nunca *deixará* de agir quando realmente esperais que o faça. Podereis estudar a ciência espiritual durante anos e tirar pouco resultado prático desses estudos. Entretanto, um estudo cuidadoso e a *prática fiel, nunca deixarão de produzir resultados.*

A saúde, a felicidade e a prosperidade sempre são possíveis e a *fé ativa* na Lei Universal fará que essas esplêndidas condições se tornem *realidades* em vossa existência. "Como um homem *pensa, assim é ele"*, disse um dos mais sábios mestres, e podia ter acrescentado: *"assim* permanecerá até mudar o seu modo de *pensar".* Doente, pobre e infeliz, se assim *pensar* e, pelo contrário, feliz, sadio e próspero, se pensar nas condições felizes.

Vossos corpos e negócios são efeitos de vossos processos mentais. O *pensamento construtivo,* seguido da conveniente *ação* enérgica, realiza *tudo,* ao passo que o pensamento *destrutivo,* seguido de inatividade ou ação desanimada, pela mesma lei natural, destrói ou anula a colheita.

A *saúde,* o *êxito* e a *satisfação* são frutos naturais do *pensar construtivo* e da *ação* enérgica, pois a coragem, a energia e o otimismo, ligados por uma *fé ativa* na capacidade *interna,* constantemente executa aparentes milagres. Invertei esse esforço mental e físico e o resultado será igualmente certo como insucesso e infelicidade, pois toda semente mental ou material deverá produzir de acordo com sua espécie, e os *pensamentos* de dúvida, medo e desânimo são sempre produtores de perturbações, sendo a *causa* principal de moléstias, pobreza e insucesso.

É assim que vos tornais o arquiteto de vosso próprio bem, e a diferença entre o sucesso e o insucesso de vossa existência, resulta, em grande parte, de vosso esforço mental e físico na direção construtiva.

A VIDA SIMPLES

A prosperidade não designa a mesma coisa para duas pessoas. Para o trabalhador que ganha um pequeno ordenado, alguns cruzeiros de aumento no ganho semanal denota maior conforto para a família e, às vezes, lhe parece uma admirável prosperidade. Para o homem empenhado em grandes empresas nas quais se acham envolvidas grandes somas de dinheiro, a prosperidade é calculada numa base totalmente diferente. Este não considera que está prosperando, se as coisas não estiverem se movendo em seus negócios num âmbito maior. Entre esses dois extremos, se encontram todas as espécies de idéias do que vem a ser prosperidade.

O primeiro passo na demonstração da prosperidade espiritual será deixar a região do relativo e dar à mente a liberdade de entrar na compreensão de que a prosperidade não é a posse das coisas, mas sim o conhecimento de um caminho livre e franco para um armazém inesgotável.

Uma das maiores bênçãos do evangelho é a que leva para a vida simples. "Vinde a mim todos os que andais em trabalho e vos achais carregados, e eu vos aliviarei." No verão, aqueles que sentem poder fazê-lo, se retiram para férias, e muitos vão repousar em alguma pequena cabana do caminho, onde podem viver uma vida muito simples e estar em "contato íntimo com a natureza". Que significa isso senão que aspiram a descansar em contato com as realidades das coisas? A alma se aborrece das dissipações e lágrimas do mundo artificial e, de quando em quando, deverá ter um período de descanso. Jesus mostrou aos homens como viverem em descanso eterno, e onde a simplicidade de seu ensino é apreciada, o modo de viver é mudado.

Existe uma grande diferença entre a vida simples e a pobreza. As duas foram unidas nas mentes humanas, e é porisso que a vida simples é evitada. Até aqueles que chegaram a certo grau de compreensão espiritual, às vezes repelem todo pensamento de um modo simples de viver, porque receiam que os outros pensem que não conseguiram demonstrar a prosperidade. Nesses casos, aqueles que julgam deveriam lembrar-se de "não julgarem pelas aparências", e aqueles que forem julgados deverão satisfazer-se com o louvor de Deus em lugar do louvor humano. Todos os que baseiam sua prosperidade nas suas posses possuem uma prosperidade puramente material; e embora pareça grande por algum tempo, desaparecerá, porque está apoiada nas coisas móveis do exterior e não tem raiz dentro da consciência.

Uma diligente estudante da Verdade, ocupada com seu lar, pôs-se a planejar a aquisição de diversas novas peças de mobília, quando lhe veio repentinamente a idéia de que estava desejando sobrecarregar-se de *coisas*. Não havia real necessidade delas, e pôde ver que estava simplesmente sendo influenciada de fora, pois a única razão que podia ter para desejá-las era de que as casas de seus parentes eram fornecidas de peças semelhantes. Ela estava inconscientemente seguindo sugestões.

Se vos puserdes a refletir, notareis que existe grande semelhança nas casas de quase todos os que recebem ordenados semelhantes. Certamente, há exceções. Alguns expressam sua individualidade, vendendo as sugestões exteriores e comprando apenas o que realmente precisam. Este espírito livre e independente tem muito que ver com a demonstração de prosperidade, pois a ilusão da necessidade de ser exatamente como as outras pessoas e possuir tanto como elas, produz um esforço e ansiedade que impedem o exercício da fé.

    A vida simples não é ascetismo. Ela é tão diferente da vida austera quanto do luxo exagerado. É natural, livre, simples como o viver das crianças e ninguém poderá saber que é ser verdadeiramente próspero, enquanto não chegar à simplicidade e independência do Espírito. A vida simples é um estado de consciência. É a paz, o contentamento e a satisfação na alegria de viver e amar, e é alcançada por pensar em Deus e adorá-lo em Espírito e Verdade.

"PROCURAI E ACHAREIS"

O único caminho para o saber é procurá-lo. Nenhuma porta se vos abrirá, se não baterdes e, quanto mais inacessível for a porta do saber, mais vezes devereis bater. "Não é aquele que diz Senhor, Senhor, que entrará no Reino do Céu, mas aquele que faz a vontade de meu Pai", disse o Mestre.

Se desejardes receber a luz ou a sabedoria sobre algum assunto dado, não só devereis bater à porta do conhecimento secreto, mas também devereis sentir que é vontade de Deus que alcanceis essa sabedoria particular, executando, ao mesmo tempo, a vontade d'Ele pela investigação de todos os caminhos que vos conduzam à porta particular que desejais que vos seja aberta.

Existem muitos caminhos para o desenvolvimento em qualquer plano de existência e, por mais limitados ou impedidos que sejais em vosso ambiente ou por mais deficiente que sejais nas finanças, um caminho se vos abrirá, se o procurardes. Existem caminhos de expressão superior tanto no plano físico como no espiritual. No plano físico, sempre encontrareis no comércio livros sobre o assunto particular que desejardes conhecer, quer seja científico, mecânico ou outro ramo qualquer do saber.

Se vossa alma procurar auxílio com a crença somente nos meios físicos de expressão e, por conseguinte, vibrando apenas ao auxílio físico, encontrareis livros para responder às vossas necessidades, e o estudo em qualquer ramo de autodesenvolvimento naturalmente vos colocará em contato com aqueles que, neste plano, como instrutores, estudantes e amigos, estarão interessados no mesmo assunto e o estimularão e interessarão a um maior estudo. A competição ou emulação de outras mentes agindo na mesma direção será um grande incentivo para melhor trabalho e esforço mais persistente, podendo ser um auxílio ao vosso adiantamento pessoal.

Se vossa alma estiver, entretanto, harmonizada com os planos espirituais, isto é, se tiverdes fé em que Deus dirigirá vossa vida, então não só recebereis auxílios físicos em vossos esforços de aperfeiçoamento, porém vos harmonizareis com as correntes vibratórias dos planos superiores. Assim abrireis a entrada para um poder múltiplo em relação ao auxílio que recebestes somente do plano físico. Quanto maior for vossa fé em Deus e suas correntes de amor e poder, mais forte será a vossa relação com os reinos espirituais, de onde recebereis conhecimentos e instruções.

Assim, os inventores, agindo na direção das linhas espirituais, isto é, com um objeto elevado em vista para o alívio do fardo dos homens, serão favorecidos com mais tempo para se dedicarem ao progresso e inspiração de inteligências superiores que seguiram a mesma linha de investigação e imprimem suas imagens mentais no cérebro daquele que for capaz de empregá-las sabiamente ao serem levadas à manifestação no mundo físico.

Um artista esforçado que tenha o mais alto objetivo na concepção do que as belas pinturas possam expressar, poderá entrar em contato espiritual com as vibrações do plano de um grande artista e receber inspirações desse plano.

Um músico que trabalhe em linhas inferiores não poderá obter o poder de inspiração dos grandes artistas, cujo objetivo seja glorificar a Deus e beneficiar seus irmãos.

Seja qual for vosso caminho na vida, como profissional, artista ou investigador em qualquer esfera do saber, determinai o conhecimento que desejardes alcançar ou o trabalho particular que pretendeis fazer. Procurai sentir em vosso íntimo que tendes *necessidade real* de executar esse trabalho melhor do que foi feito até agora e que estais disposto a trabalhar firmemente para realizá-lo. Em seguida, procurai os caminhos para vossa instrução no campo do plano físico, aproveitando tudo o que possa servir-vos; porém, será mais importante ainda que sintais que escolhestes o caminho do saber para beneficiar e iluminar o mundo, glorificando assim vossos esforços ao serviço de vosso Pai celeste. Que esta idéia penetre em vossa consciência e meditai nela diariamente.

Procurai sentir que tendes o auxílio do Pai para executar vosso objetivo e logo vereis novos caminhos se abrirem para vós. Parecer-vos-ão abertos através de canais físicos, no mundo material, e isso sucederá porque as coisas deverão manifestar-se materialmente, porém foram movidas por correntes espirituais.

Poderá dar-se que vos torneis tão harmonizados com os processos espirituais que gradualmente desenvolvais os sentidos superiores de visão, audição e tato nos planos invisíveis. Afinal, aparecerão meios para imprimir em vossa consciência a sabedoria e a verdade superior, e uma nova porta se abrirá para vosso desenvolvimento e progresso.

Tereis, assim, posto em atividade uma lei de Causa e Efeito e, à proporção que continuardes a procurar com uma compreensão espiritual cada vez maior, as portas se abrirão uma após outra e vosso progresso na Sabedoria e no Domínio prosseguirá sempre mais.

Um caminho de expressão vos levará para outro cada vez mais alto, o único limite sendo a falta de desejo de procurardes cada vez mais. A lei é clara: – "Procurai e achareis, batei e abrir-se-vos-á." Confiai plenamente nela.

A RENOVAÇÃO DA VIDA

Quando a primavera inicia o seu trabalho de renovação das formas, a terra toda é uma vibração de vida. Cada raminho de erva, cada galhinho de planta, com suas raízes entranhadas na terra e suas flores abrindo-se ao sol, os passarinhos a fazerem seus ninhos nas árvores, tudo vibra de vida.

E vós, como correspondeis? Traz-vos a primavera uma *experiência* da vida ou vos conservais afastado de toda a vibrante criação, como simples observador dos efeitos da vida em vosso ambiente? Muitas vezes, só tardiamente procurais corresponder.

Cometestes o erro de colocar-vos à parte na ordem universal, quando deveríeis tomar parte consciente nela. Se pudésseis unificar-vos com a criação toda, experimentaríeis tudo o que a criação experimenta. Entraríeis na experiência renovadora da vida que se efetua para a árvore, o arbusto e a flor. Poderíeis sentir o renovamento da vida em vosso corpo e o expressaríeis em vossa carne. Porém, o vosso coração se tornou tão endurecido e material, os vossos olhos estão tão obscurecidos e os vossos ouvidos estão tão desarmonizados com a vibração espiritual, que deixais de responder à vida, mesmo quando ela está vibrando ao redor de vós e, como disse o grande Mestre, "caminhais no meio da vida como mortos".

Porém, não podereis fazer que esse renovamento seja *alguma coisa* para vós? Não podereis deixar que seu efeito penetre em vós? Não poderá ele tornar-se o fato da ressurreição de vossa consciência e de uma elevação de vossos sentidos amortecidos a um estado superior de verdade, amor e vida? Com toda a natureza despertada ao redor de vós, não podereis despertar as entidades adormecidas em vós ao despontar do dia que vem surgindo, — e sairdes de vossas vestimentas acanhadas e envelhecidas, desfazendo o sentimento de limitação com que ligastes vosso corpo? Não poderíeis afastar de vossa consciência a pedra tumular da materialidade, o grande peso mental que separou vossa vida íntima de vossa vida exterior e leva vossa forma à *morte,* negando-lhe a vida porque não compreendestes vosso *direito a ela?* Elevai-vos acima da morte e libertai-vos dela! *Dirigi-vos à vida* — *DESPERTAI-VOS* a ela! A ressurreição é um despertar à vida onipresente, onipotente e onisciente. Ela não está ausente de parte alguma, não é impotente, nem inconsciente em parte alguma, mas está presente e consciente; é gloriosa, poderosa, expressiva e expansiva em sua ação, em todas as partes!

Vossa mente deverá incender-se com este pensamento e vosso coração deverá arder dentro de vós — agitar-se fervorosamente com esta realização: *sentir a vida.*

"Lázaro, sai para fora! Levanta-te de teu túmulo! Não pertences à morte! Volta à vida! Desperta neste momento!" — Essa devia ter sido a consciência do Mestre ao despertar aquele que estava adormecido. Então, Ele chorou, não por causa de Lázaro, mas por ver a obscuridade das mentes daqueles que observavam aquele despertar. Tivestes quase dois mil anos para contemplar esta experiência, — e ainda estais adormecido, não vendo a brilhante luz que irradia!

Despertai-vos! Levantai vosso eu morto, realizando a Vida íntima, que ressurge dos mortos! Determinai-vos, neste momento, a volta à vida real e calcai a morte a vossos pés como inimiga. Colocai suas ilusões debaixo de vosso entendimento (pés) e apoiai-vos nele, ao examinardes o nada que ela é, sua incapacidade e falta de sentido. Vede seu vácuo e deixai de temer suas falsas pretensões.

Convencei-vos da Vida e do direito de viverdes e, então, VIVEI.

"Vim para que tenhais vida e a tenhais mais abundante", disse o homem Cristo, que provou em sua própria experiência o direito que tendes de pretendê-la.

"Porém, se não crerdes que sou Ele (aquele que vos revela esta verdade), morrereis em vossos pecados" por causa de vossas ilusões. "Na verdade, vos digo, se observardes meus mandamentos (viverdes a verdade que revelo), nunca vereis a morte". "Para aquele que crê em mim, como disse a Escritura, do seu íntimo correrão rios de água viva."

Por outras palavras, encontrareis a fonte de vida dentro de vós mesmo. O Cristo viverá em vós e vos dará vida!

Devereis chegar a essa compreensão. Devereis voltar vossas costas para a morte e *entrar na vida,* que se renova constantemente ao vosso lado, abandonando as formas gastas e feias para ornar-se de formas mais novas e mais belas.

Portanto, pela renovação constante de vossa mente, renovai as células de vosso corpo e vivei sempre na eterna primavera de uma existência cada vez mais próspera e feliz.

REALIZAÇÃO DA CONSCIÊNCIA ESPIRITUAL

Na conquista de vossa consciência espiritual, vosso campo de atividade se encontra exatamente no lugar em que estais atualmente, pois é necessário pensardes e agirdes para expressar-vos. Mesmo que tenhais grandes visões de outros planos, onde esperais gozar felicidades imaginárias ou ter crescente utilidade, a própria realização desse desejo tem seu começo, seu momento inicial, no ponto em que vos achais neste momento: o vosso pensamento.

Seria conveniente que compreendêsseis que a escada da vossa consciência que vos levará aos ideais celestes, deverá estar apoiada firmemente na terra; seria vantajoso que vos compenetrásseis que subireis por essa escada, não simplesmente pensando que estais no ponto mais alto, porém começando a subir desde o primeiro degrau e caminhando até chegardes ao último.

Efetivamente, a visão divina vos chama e devereis dirigir vosso pensamento para ela; porém, será necessário colocardes firmemente vossos pés em cada degrau à proporção que vosso pensamento vos preceda na ascensão, pois assim chegareis às alturas, não apenas na mente, mas também com o corpo. Essa é a elevação do corpo — o grande triunfo que vossa alma deverá alcançar — a prova do *domínio* que Deus vos deu sobre a terra.

Jacó foi quem teve a visão da escada de consciência que da terra subia ao céu.

Muitos, aspirando ao idealismo, preferiram furtar os direitos hereditários do homem exterior e, deixando seu irmão Esaú entregue ao seu sensualismo, apressaram-se para outra terra, à procura da felicidade. Entretanto, lhes conviria interromper a viagem com tempo, como fez Jacó, para verem que a escada da realização "está apoiada na terra", e que, embora seu ponto culminante atinja o céu, e os anjos de Deus desçam e subam por ela, a grande revelação relativa a essa escada é que *liga o céu à terra,* sendo um meio de união entre os dois — "os dois em um" — e de modo algum, instrumento de separação.

Que admirável promessa foi feita das alturas celestes, quando a alma de Jacó contemplou, maravilhada: *"A terra em que estás deitado,* te darei a ti e à tua posteridade"! "Eis que *estou contigo".*

Qual novo Jacó, estais adormecido sobre a "pedra" da chamada materialidade, sem notardes seu valor ou sua importância, e devereis despertar-vos como ele e expressar a mesma exclamação da revelação da alma: "Na verdade, o Senhor está *neste lugar,* e *eu não o sabia."* Este não é outro lugar senão a *casa de Deus e a porta do céu."* — (Gênese, 28: 11 a 18).

O simbolismo dessa exclamação é belo e fácil de compreenderdes. A porta é uma abertura pela qual se entra. Assim, para entrardes no céu, devereis fazê-lo pela porta da terra — "este lugar" — vendo-a como entrada para a casa de Deus, Sua verdadeira habitação, e regozijando-vos na promessa: "Estou contigo", vindo a conhecê-la, compreendê-la, realizá-la, em vez de não ter conhecimento dela. Imediatamente vereis a Deus, o Criador, unido a vós, não separado de vós. Imediatamente vereis a Deus dentro de vós (a *casa* de Sua Criação) e não fora. Esta revelação em relação ao plano físico de existência produzirá uma imediata revolução em vosso pensamento — uma inversão completa de vossa consciência. Vereis que o objetivo divino é *expressar-se através do físico* e não fugir dele. Que a vossa obra é manifestar a Deus na carne, não procurar *alívio da* carne para encontrar a Deus.

O vosso caminho é o de vencer, governar, dominar. O vosso objetivo é serdes "a imagem e semelhança de Deus", para a qual fostes criado. A vossa recompensa será a realização desse objetivo no reino de Deus — Deus glorificado em vós como sendo representado na terra, e vós, glorioso na vossa manifestação da consciência celeste, "brilhando como o sol". Quão simples é o processo, quando o considerais corretamente e que admirável objetivo será para vossa vida, ao compreendê-lo!

Tempos depois, Jesus realizou a visão de Jacó na perfeição divina e mostrou aos discípulos, no monte da transfiguração, "o filho do homem em seu reino", onde seu corpo irradiante lhes foi revelado como *resultado* da altura celeste a que sua consciência atingira.

No começo de seu ministério, Jesus deu aos seus discípulos a lei do desenvolvimento — a lei simples dos lírios. "Considerai os lírios do campo *como crescem"*, disse ele. Devereis refletir um momento e considerá-los para verdes o processo — *enraigados* na terra, *desenvolvendo-se* para a luz, vencendo assim a terra, e libertando cada vez mais, em cada esforço ascensional, o *ideal contido na semente,* até que a *flor,* a corola ideal de toda expressão, seja atingida.

Toda a ascensão é realizada com a *raiz na terra,* enquanto o coração da semente se eleva e se abre em seu amor pelo sol. Aquilo que residia no coração da semente como ideal se expressou na formação da flor. O "íntimo" expressou-se, por meio da terra, para o "exterior". Disse muito bem Jesus: "O reino de Deus virá quando o exterior for como o interior."

Quando compreenderdes esta lei dos lírios e virdes o completo desenvolvimento do ideal, desde a semente até a flor, quão fácil vos será a compreensão das palavras do Mestre em Mateus, 19: 30: "Os primeiros serão os últimos e os últimos serão os primeiros." O ideal que, a princípio, estará dentro da semente, se revelará, afinal, na flor. Por último, a concentração do ideal em outra semente se tornará o primeiro para uma expressão maior. Quão fácil vos será compreenderdes o pensamento de Jesus, se quiserdes ouvi-lo nos campos — se vos considerardes *parte* da ordem natural de expressão e não *separado* dela.

Esse desenvolvimento do lírio alcançou o seu ponto culminante de perfeição física na flor, e as fases de seu desenvolvimento foram idênticas às dos Israelitas, ao abandonarem o Egito e irem à procura da *terra prometida* de Canaã. A escravidão do Egito, onde toda expressão era negada aos filhos de Deus, é uma representação típica do ideal conservado dentro da semente. O período do deserto, em que seguiram a lei e vagaram de um lado para outro, à procura da terra prometida, é representado no desenvolvimento da planta acima do terreno, elevando-se por meio do tronco, dos galhos, do pedúnculo e do botão, para o desenvolvimento da perfeição. Canaã, a promessa cumprida e representada na flor — o ideal alcançado: a atratividade física, a perfeição do corpo manifestada.

Cada alma atravessa o mesmo caminho em sua expressão. Os ideais da alma sofrem pela prisão da carne e procuram libertar-se. O caminho se torna mais penoso até que a visão do domínio sobre a carne ilumina a consciência. Então, a lei da mente se revela e promete a liberdade, se *observar a lei* e se dirigir para o ideal: domínio físico na "terra de Canaã".

Essa viagem é empreendida, porém, quão a miúdo a vossa mente, em lugar de seguir a lei, volta-se para a limitação da carne. Muitas e muitas vezes fazeis a tentativa de adquirir domínio, pela supremacia do idealismo, porém tropeçais tantas vezes no deserto da experiência, vossa alma vagando, às vezes fiel ao ideal, outras, escrava dos desejos da carne.

Poucos sobrevivem às provas — é tão difídil arrastar o corpo cansado, resistir às mordeduras das serpentes; a viagem é longa, o caminho é tão penoso, é tão difícil *caminhar para Canaã*. Porém, só chegaram a Canaã aqueles que *caminharam para Canaã*. Aqueles que voltaram para o Egito nunca encontraram a terra prometida. Aqueles que caíram pela mordedura da serpente não atingiram o fim. A "terra" em que corria leite e mel — a experiência física oferecendo o mais delicado, agradável e melhor — somente foi conseguida pelos que venceram e caminharam com seus próprios pés, e, guiados pela sua própria determinação e compreensão interna, partiram da limitação egípcia ou física, *atravessando* a excitação mental, a indecisão e as provas, até chegar a Canaã — a "terra" da liberdade física.

Outro exemplo que a natureza vos apresenta para ilustrar o caminho da realização e que relacionarei com uma parábola do Mestre que muitos lêem, porém poucos compreendem, é o da lagarta (bicho-da-seda). Apresentarei este exemplo em forma de perguntas:

Julgareis que uma lagarta poderia transformar-se em borboleta, se procurasse, pela morte, abandonar seu corpo de lagarta? Não foi a *transmutação* da forma da lagarta que produziu a forma da borboleta? Não começou ela a dirigir-se para a experiência de ser borboleta exatamente no lugar em que estava rastejando? Não começou, porém, esse primeiro esforço na mente, quando se achou *tão cansada de rastejar* que *desejou poder voar?* Efetivamente, assim foi; elevou-se em primeiro lugar, *na mente,* e o *corpo acompanhou a mente.* E mais ainda, abandonou tudo o que era lagarta para chegar a ser borboleta.

Custou à borboleta o abandono completo do que era lagarta, porém, não valeu o preço do custo, não foi uma esplêndida aplicação de capital, não foi um bom negócio, a aquisição de um corpo que podia voar entre as flores e sorver o "leite e mel" de uma nova e deliciosa terra, pelo simples abandono de um corpo que rastejava?

Vede agora a parábola que vos deixou o Mestre que seguiu esse caminho: "O reino dos céus é semelhante a um tesouro que, *oculto no campo,* foi achado e escondido por um homem, que, movido de satisfação, foi vender tudo o que possuía e comprou aquele campo." (Mateus, 13:44).

No campo de vossa própria forma física — a pedra da materialidade, sobre a qual estais adormecido, descuidado de vosso tesouro e oportunidade, se encontra a vossa maravilhosa jóia — o ideal de Deus — o culto à percepção de vossos sentidos.

Ao descobri-lo, vos apressareis com alegria a vender tudo o que possuirdes para comprardes aquele campo. Alegremente abandonareis os prazeres físicos, que vos aprisionam dentro de vossas formas físicas, para adquirirdes a liberdade, manifestardes a perfeição física e alcançardes a "terra" prometida, que se apresentar em maravilhosas visões à vossa alma e vos convida a abandonar tudo para correrdes a ela.

*
* *

A Vida existe. O propósito da Vida é expressar-se como é e isso só pode dar-se por meio da Lei do seu próprio ser. Portanto, existe uma Lei da Vida — o caminho que leva a conseguir a completa expressão daquilo que a Vida é.

Por toda parte vedes a Vida expressar-se, por toda parte está aplicando sua própria lei e bastará abrirdes os olhos para vê-la. O desenvolvimento de todo ideal, desde sua concepção até a sua consumação descreve a mesma história, e se desejardes saber, não podereis evitar de saber, pois tão universal é a pintura externa do plano da Vida e tão a miúdo a história se repete.

Jesus o apontou a seus discípulos no desenvolvimento do lírio. A história foi dada em todos os seus detalhes na viagem dos Israelitas desde a terra da limitação para a terra da liberdade. O próprio Jesus foi a demonstração da operação desta Lei, desde o momento em que Maria o concebeu até o da sua ressurreição e ascensão. O caminho é plano e apenas tereis de conservar corajosamente os olhos nele para segui-lo. Se não o seguirdes, nunca chegareis à meta, pois o cumprimento da Lei só poderá ser efetuado quando ela for observada.

No caso do lírio, vedes que começou sua expressão enterrado na escuridão da terra. O impulso vital exigia que se expressasse — aquilo que era. Procurou a luz, desenvolvendo-se, atingiu-a, venceu a terra pela qual estava coberto, elevou-se, lutou pela expressão grosseira de tronco, ramo, pedúnculo, folha e botão chegando ao ideal guardado em seu seio — o Lírio. Depois de uma longa experiência vitoriosa, a condição ideal foi alcançada: — *a perfeição física.*

A história da viagem dos Israelitas da terra egípcia da limitação, durante os quarenta anos de vagueio no deserto, até alcançarem a terra da liberdade, Canaã, foi apenas a repetição do desenvolvimento do lírio. A lei do lírio é a lei da expressão — a lei da natureza. É porisso que foi realizada na viagem dos Israelitas e a razão de serem chamados da "terra da escuridão" para a "terra que manava leite e mel". Era o chamado à *perfeição física.*

A vida de Jesus repetiu a história, pois a Vida pedia isso por meio dele, que representava o caminho da *realização individual,* que devia ser mostrado ao gênero humano.

Ele nasceu numa mangedoura e permaneceu escondido no Egito — a "terra da escuridão". Vedes assim que foi chamado a expressar a consciência pessoal para elevar-se acima de toda prova física. Devereis notar a sua consagração ao ideal dentro de si mesmo; sabeis dos seus quarenta dias de prova no deserto e da sua passagem entre seus irmãos, em *corpo luminoso, liberdade e perfeição.* Possuía a perfeita expressão da elevação física, dando a prova completa na ascensão do corpo.

Esta é a Nova Mensagem, e, se quiserdes seguir o caminho de Jesus, devereis fazê-lo na carne, impondo silêncio eterno ao pensamento tentador da antiga serpente: "Certamente não morrereis." Não bastará conhecerdes a vida da alma, porém, será preciso conhecerdes o objetivo perfeito da vida, mostrando por Jesus, que "aboliu *em sua carne* a inimizade", e elevou tanto a alma como o corpo, tornando-os "unos" em Espírito, pois tudo proveio de Deus — O ESPÍRITO. "No princípio: Deus."

O caminho é o do conhecimento interno e da expressão exterior — receptividade à luz e ao desenvolvimento dela. O lírio *procura* o sol e *abre cada uma de suas pétalas* a ele. Os Israelitas *ouviram* falar em Canaã e *caminharam para ela.* Jesus *orou ao Pai e, por meio de seu ministério físico, deu para o homem* tudo o que recebeu, manifestando em seu próprio corpo a iluminação que recebera, apresentando-o *luminoso*. Este é o verdadeiro caminho e não há outro, pois é o único caminho para uma expressão completa.

A corrente elétrica deverá ter seu instrumento para produzir luz e assim brilhar. O instrumento — o globo — deverá ser transparente e transmitir sem resistência a luz que está dentro dele, pois, se assim não for, não poderá haver luz. Para a expressão irradiante da luz, são necessárias a força elétrica, a faixa de luz e o globo. Os três são um só na expressão, da mesma forma que um só poder é tríplice em princípio. Assim, a tríplice expressão humana — Espírito, alma e corpo — é uma só, porque o próprio Espírito é tríplice em princípio.

Toda tentativa de expressão por outra forma qualquer será perda da recompensa completa e é essa *recompensa completa* que foi a intenção e objeto perfeito da mensagem do Cristo. Paulo deu a essa verdade a impressão de ponto culminante de sua mensagem aos Tessalônicos, dizendo: "O mesmo Deus de paz vos santifique *em tudo*, e o vosso *espírito, alma* e *corpo* sejam conservados completos, irrepreensíveis, para a vinda de nosso Senhor Jesus Cristo." O Espírito necessita tanto da alma como do corpo para sua expressão. O Espírito é o poder. A Alma é a Luz. O Corpo é o instrumento. Os três são necessários para a transmissão da força como da luz.

Portanto, procurando conhecer o Espírito (o poder), vos desenvolvereis, por meio do corpo (o Egito) e a alma (o deserto, a fase difusa da luz), até chegardes ao Espírito (Canaã), — à iluminação, realização, perfeição, — e prosseguireis até que a perfeição interna (o poder) seja incorporado por meio do *entendimento* (a luz), na perfeição do corpo (instrumento). Então, não só sereis *perfeito,* mas sabereis que o sois e *expressareis* o que sois.

A vossa primeira descoberta de vossa entidade foi feita na forma corpórea e na limitação. Descobristes depois que tendes luz (consciência) e finalmente descobrireis que, acima dessa consciência ou luz, está Deus, ou Espírito ou Vida de vossa entidade.

Almejareis, então, entrar em contato com Deus e chegareis a Ele pelas ondas de luz que sobre Ele vos deram as diversas interpretações religiosas. Afinal, aprendereis que devereis entrar em contato com Ele dentro de vós mesmo e só podereis fazê-lo pela vossa própria luz ou consciência.

Aprendereis que cada um *deve* seguir a mesma *lei* de desenvolvimento, porém, que o caminho desse desenvolvimento é "reto e estreito" — reto em direção ao Pai que está dentro de vós mesmo e tão *estreito* que só a vós mesmo admite e a mais ninguém.

Vós, que sois a Alma, tereis de assumir a vossa responsabilidade individual, e não podereis evitá-la, pois, se o não fizerdes, não alcançareis a liberdade e independência própria.

Quando vossa consciência se despertar, sentireis a limitação de vosso eu sensual! Vosso corpo é pesado, grosseiro, insensível aos impulsos de vossa alma. Sofrerá no meio de suas limitações até exclamar pedindo luz. Então, lhe será revelada a lei da expressão. Isso foi simbolizado pela apresentação de Moisés aos Israelitas do Egito.

Essa lei de expressão vos revelará a "terra prometida", ou o estado de perfeição que vos foi prometido, se quiserdes seguir e cumprir a lei. Alegremente vos aproveitareis da lei de liberdade, porém, em que deserto logo vos encontrareis! A prova da lei não vos será fácil. Ser-vos-á mais fácil aceitardes o pão do administrador do que conquistardes o "maná" diariamente. A terra do Egito podia ser *vista* e *sentida*, porém, Canaã é apenas uma *promessa* — e quão difícil é caminhar em direção ao invisível, crer numa promessa! Quanto é mais fácil voltardes ao que já experimentastes, procurardes as panelas de carne, deixardes que outros vos sustente, em lugar de *seguirdes vosso caminho* por vós mesmo! Com efeito, é um tempo de sustos, um verdadeiro deserto, um vaguear, o estabelecimento da lei pela prova definida da experiência, e realmente é difícil. Entretanto, não há outro caminho para chegardes a Canaã.

A Lei da Vida, que é o caminho da realização, exige que *reconheçais a vossa própria limitação e a desfaçais, vejais a terra de vossa liberdade e caminheis para ela, conheçais a Lei da Vida e a cumprais.*

O cumprimento da Lei da Vida não está na ruptura violenta dos laços, nem na destruição da limitação por meios externos, mas sim na visualização da liberdade maior, na concepção de um idealismo superior e no *vivê-lo* e *expressá-lo* exatamente no meio daquilo que vos liga, até que tenhais vos desenvolvido tanto que não mais possa ligar-vos. Então, aquilo que vos liga vos deixará livre, da mesma forma que o Faraó deu liberdade aos Israelitas e o botão da flor deixa abrirem-se as pétalas que estão dentro dele ou a pedra do túmulo do Cristo ressuscitado se moveu diante da força de vida dele. Não só aquele que liga, vos deixará de ligar, mas também vos *pedirá uma bênção,* como Faraó fez para os Israelitas: Levantai-vos, saí do meio do meu povo... ide, servi ao Senhor, como tendes dito. Levai convosco os vossos rebanhos... e ide-vos embora; *abençoai-me também a mim.* (Êxodo, 12: 31-32).

*
* *

Quando Jesus disse: "Deitai por terra este templo e em três dias o levantareis" (João, 2: 19), anunciou-vos uma verdade da Existência: que o Criador está sempre dentro de sua criação e sempre tem domínio sobre ela. Poderá alterar seu templo, transformá-lo, enchê-lo de luz ou de trevas, fazê-lo aparecer ou desaparecer, porque é o construtor de sua própria casa — uma casa que é sempre uma expressão de consciência, a consciência do próprio construtor.

É por essa razão que Paulo afirma que podereis ser transformado pelo renovamento de vossas mentes e foi pela realização atual dessa verdade que Jesus pôde aparecer e desaparecer à vontade, declarando-se senhor de seu próprio corpo e prová-lo, quando, após a crucificação e enterro, foi capaz de levantar sua forma da sepultura e dar a si mesmo a expressão em quatro formas diferentes e, finalmente, elevando-se em corpo, não só ao mais alto céu, mas também "muito acima de todos os céus" ou à Fonte da Pura Substância Espiritual, de que era perfeita emanação como espírito, alma e corpo.

Tendo essa demonstração a considerar, fareis bem de desviar vossos olhos da terra no sentido de que vossos corpos tomam forma, lembrando-vos de uma substância dentro da consciência, da qual a própria terra, que chamais substância, a princípio, tomou forma. Essa substância é a FÉ — Poder Espiritual mantido a um ponto de visibilidade pela vontade daquele que deseja dar à consciência uma forma e modelo visível.

Paulo, que se elevou, na consciência, ao terceiro céu, compreendeu esta lei e apresentou assim uma clara realização da fé, no undécimo capítulo de Hebreus, que é totalmente dedicado a este importantíssimo tema. Começa com as seguintes palavras: *"A fé é a substância da coisa esperada, a evidência das coisas não vistas."* Prossegue declarando que, "pela fé compreendemos que os mundos foram formados pela palavra de Deus, de modo que as *coisas que são vistas não foram feitas das coisas que aparecem."*

Nessas palavras se encontra a maravilhosa libertação para vós! Quando as compreenderdes, os grilhões da materialidade se desprenderão de vós e nascereis à liberdade pelo desprendimento de vossa própria consciência. Se as coisas vistas foram feitas da substância invisível da fé, torna-se perfeitamente claro que tudo o que agora for invisível poderá ser feito visível. E onde encontrareis a fé? Somente num lugar — dentro de vós mesmo! "Tua fé te salvou", disse Cristo. "Tua fé te curou", disse ele, à medida que homens e mulheres, uns após outros, foram livrados das limitações da própria consciência dentro das quais estiveram aprisionados. A falsidade deverá ser descoberta. A materialidade não é o que parece. A "pedra" que cobria a porta da sepultura parecia muito grande para os que a consideravam uma pedra, porém, sendo vista corretamente ou por meio da visão interior, vereis que *não é uma pedra*, e ao descobrirdes isso, *já a afastais*. Na realidade, ela nunca existiu separadamente do Espírito, pois tudo é Espírito, e tudo o que se acha manifestado, foi manifestado pelo Espírito, e o que nasceu do Espírito *É ESPÍRITO*. Vedes, por conseguinte, que a pedra é uma forma do Espírito.

Portanto, quando determinardes que tendes o direito de possuir um corpo luminoso, quando compreenderdes a vantagem de tê-lo livre de corrupção, quando vos despertardes do sonho ilusório da morte e expuserdes essa falsidade como tendo sido impingida pelo adversário da verdade, que só poderia ser um assassino desde o começo — então, conhecereis a verdade que, sendo *de Deus* e estando *em Deus*, só podereis formar *de Deus* ou dar forma ao puro Espírito, necessariamente devendo conformar-vos com a grande lei fundamental de toda expressão: "O semelhante produz seu semelhante."

O que *é Espírito* deverá sempre *ser Espírito*, seja qual for a extensão, dimensão ou forma que a manifestação assuma.

A compreensão lógica dessa verdade dará uma imediata mudança para a vossa consciência e tão instantaneamente produzirá a mudança ao próprio contexto da manifestação da vossa consciência, pois vosso corpo é apenas consciência (FÉ) — Poder Espiritual mantido até o ponto de visibilidade pela vossa vontade, porque quereis que a vossa consciência possua uma forma ou modelo definido no plano físico.

Um construtor, ao empreender a construção de uma casa, determina, antes de tudo, o material de que deseja fazê-la e, tendo traçado seus planos, emprega a substância escolhida. Como construtor do templo de vosso corpo, não devereis ser menos prudente. Tiago vos adverte em relação à necessidade disso: "A provação de vossa fé (a prova se tendes fé ou não) produz a fortaleza. A fortaleza deve completar a sua obra, para que sejais perfeitos e *completos, não faltando em coisa alguma.* Mas se algum de vós necessita de sabedoria, peça-a a Deus... Peça-a, porém, com FÉ, NADA DUVIDANDO, porque quem duvida é semelhante à vaga do mar, que o vento subleva e agita. Não cuide esse homem que alcançará do Senhor alguma coisa."

A resposta é muito simples: NÃO podereis receber alguma coisa do Senhor (a lei), nessas condições, porque *não tendes fé*, mas sim dúvida e descrença, e, não tendo em vossa consciência aquilo de que as *coisas são feitas* (a Fé), certamente não podereis ter *as coisas*, pois não há fé (substância) de que possam ser formadas. Ao saberdes como haveis de pensar, será bastante claro para vós que é fácil compreender por que é que de nada triunfais.

É evidente que a lei não poderá dar-vos o seu resultado enquanto não tiverdes seguido a lei que torna possível a sua realização. Para construirdes vosso templo corporal de substância luminosa e formardes um corpo irradiante, devereis apegar-vos à *substância luminosa* — uma fé despertada por Deus. Sejam quais forem as provas e tentações que se vos apresentarem na experiência do deserto, por meio da qual chegareis à *terra prometida*, apegai-vos a ela com a maior determinação e com um conhecimento mais seguro, compenetrando-vos que a sua origem é sempre Deus. É Deus que estará canalizando os materiais de vossa construção por meio de vossa consciência, primeiramente formando em vós a fé, e, por meio dela, construindo o templo que ocupais e que estareis tornando glorioso pela vossa consciência glorificada da divina presença íntima.

Quão amiúde devereis declarar em vossa alma, sem vacilar: EU SOU! Nessa declaração, quão certa vossa alma deverá estar do que o EU SOU é! EU SOU — Deus, Todo Poder, Toda Substância, Toda Inteligência. EU SOU — Deus, o Uno e Único Espírito. EU SOU — concebendo, pensando, falando, expressando-me em manifestação. EU SOU — que SOU? Espírito! Então, EU SOU pela concepção, palavra, pensamento, no Espírito, perfeito e luminoso. EU SOU — luz, luz, luz. Não há obscuridade em mim. EU SOU vida, vida, vida. Não há morte em mim. EU SOU poder, poder, poder. Não há fraqueza em mim. EU SOU puro, puro, puro. Não há corrupção em mim.

O exercício consciente desta espécie de afirmação destruirá a mentira, tornará a obscuridade, a moléstia e a morte impotentes para aplicarem suas pretensões hipnóticas à vossa alma, dará a ela a liberdade de pensar retamente, de formar seu próprio pensamento em expressão e de ter completo domínio sobre o templo que é a incorporação de seu próprio pensamento. Produzirá o "avivar dos dons existentes em vós". Dar-vos-á "a consciência da vida eterna". Criará em vós a fé que é "a substância da coisa esperada" — o corpo luminoso que expressa corretamente o Ser luminoso que sois.

*
* *

Falei-vos sobre a viagem para chegar à "terra prometida", da experiência do deserto, pelo qual passa toda alma aspirante até chegar ao lugar da bela realização física e expliquei-vos também que para chegardes à meta devereis caminhar por vós mesmo.

Entretanto, não estareis sem auxílio, pois levareis dentro de vós a luz que vos guiará, pois, disse Jesus, em João, capítulo 8, versículo 12: "Eu sou a luz do mundo; aquele que me seguir, não andará nas trevas, mas terá a luz da vida."

Como alma que sois, partistes do Sol Central de existência, na vossa viagem de evolução e desenvolvimento, sendo um raio de luz branca, pura e perfeita. Nunca deixastes de ser a perfeição que fostes "no começo", porém a vossa consciência em evolução se tornará cada vez mais conhecedora de vossa perfeição, e assim, por essa consciência, expressareis cada vez mais a vossa própria perfeição. Essa luz é o raio crístico, — a "luz que ilumina todo homem que vem a este mundo", — é Cristo em vós, a esperança de glória".

Não há lugar na estrada da vida em que essa luz não esteja *brilhando completamente, dentro da alma,* sendo apenas necessário que a mente seja *aberta* para ela e receba suas inspirações. Torna-se assim evidente que a luz que vos guia seja de dentro e não de fora, e uma ilustração clara desse fato estará em pensardes num raio de sol a procurar o caminho mais direto para o sol, do qual partiu. Não seria pelo *caminho de sua própria luz?* Não seria ele a relação segura e perfeita com a fonte de seu próprio ser? Não aumentaria de intensidade a sua luz à proporção que se aproximasse do sol e não é sempre a mais alta luz cada vez mais de cima e de dentro do eu? Devereis ter essa importante realização. Então, vossos passos serão guiados continuamente e não dareis mais passos errados.

Quanto mais adiantada for a vossa consciência, mais dependereis da luz interna. Uma parte do Salmo 119 o revela com toda a clareza. Assim se expressa nos versículos 97 a 105:

"Quanto amo a tua lei! Ela é a minha meditação de contínuo. Os teus mandamentos fazem-me mais sábio do que os meus inimigos, pois sempre estão comigo. *Mais discernimento tenho do que todos os que me ensinam,* porque os teus testemunhos são a minha meditação. *Mais entendo eu do que os idosos,* porque *tenho guardado os teus preceitos.* De todo o mau caminho retiro os meus pés, a fim de observar a tua palavra. Dos teus juízos não me desvio, porque *és tu quem me instrui.* Quão doces são as tuas palavras ao meu paladar! Sim, mais doces do que o mel à minha boca. Por meio dos teus preceitos consigo entendimento, pelo que aborreço todo o caminho da falsidade. *Lâmpada para meus pés é a tua palavra, e luz para a minha vereda."*

Jesus nunca teria podido mostrar o caminho da vida, se não tivesse ido além do entendimento de seus instrutores. Teve de deixar de lado a sabedoria deles, nas provas supremas, e elevar-se a uma realização superior da verdade que suas terríveis tentações despertaram, as quais não poderiam ter sido vencidas senão por meio de uma compreensão superior. Teve de vencer o diabo (o oposto) e a "compreensão dos antigos", — "a sabedoria da serpente", — teve de ser completada na sua experiência e, desde então, na vossa também, com a "simplicidade das pombas".

Todos os mistérios dos antigos, as leis da materialização, desmaterialização, etc., são ocultos, os poderes secretos, o conhecimento, partes do entendimento crístico, porém, o Cristo possuía o acrescentado *poder do amor* — a não resistência, a inofensividade — poder esse que empregou e com que conquistou o mundo. *O amor nunca falha.* É invencível. Todo conhecimento, todo mistério, toda esperança e toda fé perecerão, porém o amor persistirá — será o vencedor!

Esse amor, elevando-se a graus cada vez maiores de intensidade, através de provas cada vez maiores de ódio, artifícios, traições, incendirá vossa alma num clarão glorioso, queimará toda a grosseria do pensamento material na sua pura chama branca, purificará vossa mente e vosso corpo de um modo tão perfeito que o tornará imune ao mal, livre de danos e da corrupção. Assim ele se tornará transparente, perfeito, luminoso — o instrumento irradiante de Deus — o "candelabro" no qual brilhará a luz da alma nele residente "para dar luz a todos os que estão na casa", como se exprime Mateus, no capítulo 5, versículo 15. Foi assim que Jesus venceu e não pôde ficar morto. É assim que havereis de vencer o "último inimigo", e foi por essa razão que João, o discípulo amado, não pôde ser destruído no caldeirão de azeite fervente — vibrou acima dele e não sentiu coisa alguma.

Um estudo cuidadoso dos três moços que foram colocados na fornalha vos revelará muita coisa sobre as provas culminantes da vida do vencedor espiritual e do poder da luz interna para alcançar a vitória. Nabucodonosor, o rei assírio, fizera uma imagem de ouro e determinara um tempo para a consagração dela, convidando seus príncipes, governadores, capitães, juízes, etc., para assistirem a cerimônia. Foi feita a proclamação que, no momento em que fossem ouvidos sons de toda classe de instrumentos, todos deveriam ajoelhar-se diante da imagem de ouro e os que o não fizessem seriam "lançados no meio de um forno ardente". Sidraque, Misaque e Abdénago recusaram-se a ajoelhar-se e, ao serem desafiados pelo rei com estas palavras aterradoras: "Quem é esse Deus que vos livrará das minhas mãos?", responderam os três: "Ó Nabucodonosor, não necessitamos responder-te neste particular. Se assim for, o nosso Deus, a quem servimos, pode livrar-nos da fornalha de fogo ardente; e Ele há de nos livrar das tuas mãos, ó rei!"

Foram postos à prova. A fornalha foi aquecida *sete vezes mais* do que o costume — e estava tão quente que queimou os homens que a aqueceram; porém, quando o rei foi vê-la, notou que os três homens que ali haviam sido postos algemados, estavam livres e caminhavam no meio do fogo e com eles estava *um quarto* — semelhante ao FILHO DE DEUS. A própria extremidade da prova revelou o *quarto homem no meio*.

O mesmo acontece com o caminho da vida. Quanto maior for a vossa prova, maior será o estímulo da chama de vossa alma, mais brilhante será a sua luz, até que se revele o Cristo que está dentro de vós — o quarto homem no meio — aquele que funciona na quarta dimensão e é capaz de desfazer os laços de vossa alma, vossa mente e vosso corpo e preservá-los de todo dano. A própria violência da chama com que foram experimentados, revelou esse eu interno, e a alma, assim iluminada venceu, e o homem todo, espírito, alma, mente e corpo foi desenvolvido à consciência e expressão consciente, provando a si mesmo o seu domínio.

Ao pensardes nas vossas provas atuais, podeis ver sem dificuldade a *imagem de ouro* que está levantada, podeis ouvir o chamado a homenageá-la e ver a obediência prestada por todos os que estão em posição elevada e de autoridade no lugar em que a imagem foi feita, podeis escutar o som da música, notar o véu ofuscante que encobre à vista humana os direitos à liberdade, e podereis imaginar as provas que esperam as almas livres que recusam ser enganadas.

Para aqueles que perceberem a verdade, que forem fiéis aos princípios, que, pelo amor à liberdade de seus irmãos, preferiram suportar as provas a serem falsos, uma grande revelação se dará — surgirá o eu vitorioso, o conhecimento do Deus interno sob cuja direção será libertado do poder de qualquer rei. Quanto se alegrará também o rei ao ouvir falar no poder superior — então, a promoção em seu reino também virá para aquele que se sujeitou à prova e venceu.

Esta luz salvadora, que se desenvolve através das quatro fases de sentidos, razão, intuição e, finalmente, a percepção espiritual ou iluminação, só pode ser encontrada em vosso íntimo e cada um de vós deverá encontrá-la por si mesmo. Devereis enfrentar a resistência das tentações e ameaças aterradoras do poder do eu inferior e elevar-vos ao alto, até alcançardes o mais alto, e então ficareis livre, a vossa terra prometida ou a libertação dos males físicos, sendo-vos concedida.

Refere-se na viagem dos Israelitas que "o Senhor ia adiante deles, de dia numa coluna de nuvens, para os guiar pelo caminho, e de noite numa coluna de fogo, para os alumiar a fim de que caminhassem de dia e de noite". Que significação admirável encontrareis nisso, ao verdes com clareza! Para a alma que vê a presença de Deus em tudo, em todos os tempos, em todos os lugares e em todas as circunstâncias, se realiza um progresso constante e *todas as coisas estão agindo combinadamente para o bem,* a luz e as trevas tendo cada qual seu lugar e sua utilidade. No dia em que julgardes que *conheceis o caminho,* uma nuvem de provas se apresentará para experimentar-vos. Quando a nuvem decidir as vossas provas e vos encontrardes perturbado, na escuridão da noite, aparecerá a coluna de fogo e *encontrareis a luz nas trevas!* Assim a vossa viagem se efetuará com segurança, pois Deus estará sempre convosco e será a vossa Luz-Guia!

*
* *

A primeira vez que pensastes no oceano, certamente vos pareceu vê-lo tão longe e considerastes necessário o tempo e o esforço para atingi-lo. Embora isso realmente seja verdade em relação ao corpo do oceano, tendes dentro de vossa própria casa, um *ponto de contato* com o oceano e podereis beber a água proveniente dele como fonte principal. A torneira da pia da vossa cozinha fornece água que provém de uma corrente que se formou primeiramente dos gelos derretidos do pico de uma montanha longínqua. Os cristais de gelo caíram de nuvens que foram formadas por ventos brandos depois que um sol ardente e esplêndido levou o oceano a dar uma parte de si mesmo, sob a forma de cerração, ao caloroso abraço dos seus raios. Assim, por meio do círculo mágico de um serviço amável, um copo de água encontra seu caminho para vossos lábios, e aquilo que rejeitardes encontrará seu caminho para a corrente que vo-la deu, sendo levado novamente ao caminho que a conduzirá ao oceano que lhe deu origem. A vida se move em círculos e, embora a relação de todas as coisas com a sua fonte seja tão invisível aos vossos olhos como são os encanamentos subterrâneos que levam a água do reservatório para a pia de vossa cozinha; entretanto, a relação está presente e o que poderá parecer aos vossos sentidos como separação, não o é.

Deus, que é o *começo*, é também o *fim*, e, ao chegardes a conhecer corretamente as leis da criação, vereis que todas as partes da viagem de todas as coisas de Deus para Deus, são *Deus,* pois Deus é tudo e fora d'Ele nada existe. Quão a miúdo este pensamento se repete no quadragésimo quinto capítulo de Isaías: "Certamente Deus está em ti; e não há outro que seja Deus. Deveras, tu, ó Deus de Israel, Salvador, és um Deus que te encobres." Pois assim diz o Senhor, o Deus que criou os céus, que formou a terra e a fez. (Ele a estabeleceu, não a criou para ser um caos, mas formou-a para ser habitada); "eu sou o Senhor e não há outro". "Anunciai e apresentai as razões; juntamente tomai conselho". E finalmente: "Olhai para mim, e sede salvos, pois *Eu sou Deus e não há outro*".

Que admirável verdade o antigo profeta revelou — *Deus encobrindo-se no homem*, Deus, não como personalidade, mas como o *Ser que cria*, residindo como um todo dentro e ao redor de sua criação!

Esse Oceano de Existência poderá, então, ser tão verdadeiramente encontrado em vossa própria casa e sua Vida estará tão definidamente sob vossa direção para empregardes ou rejeitardes, da mesma forma que o oceano de água espera procurardes recebê-lo na torneira de vossa pia. Vossa salvação se *aproximará,* ao verdes quão próximo o Pai está de vós e ao vos aproximardes d'*Ele em vós,* como realmente está, na terra ou no céu e somente onde podereis encontrá-lo.

Com a mesma realidade que vossa residência pode estar em contato com o oceano por meio da água conservada dentro dela para vosso uso, assim também cada vida entra em contato com a Vida Toda — a Vida ilimitada, e, em qualquer momento dado, a vida que vos parece limitada, poderá tornar-se ilimitada, porém isso se dará somente no momento em que deixardes de limitá-la, pois, não a limitando, a deixareis emergir na corrente do todo. É isso que Jesus designou quando disse: "Quem procura salvar sua vida, a perderá, porém aquele que perde sua vida por amor a mim, a encontrará."

Jesus Cristo havia consagrado a vida ao grande objetivo de unificar o gênero humano e sabia muito bem que todos os que, como ele, se mergulhassem na consciência universal, teriam nela uma expressão que seria sem fim. É esse ilimitado sentimento de Existência que estais procurando conseguir, embora não penseis nele como tal, porém, enquanto não deixardes de limitar o Ente que está dentro de vós e não entrardes na Existência ilimitada e que não devereis limitar, não podereis encontrar e gozar a própria coisa que procurais obter.

As maravilhas de Deus estão espalhadas em toda parte, pois toda a criação é a expressão do Criador que a criou. Assim, o Mestre falou muitas e muitas vezes sobre a pedra, as nuvens, o lírio, a árvore, a videira e seus ramos, em seu esforço para unificar todas as coisas, mostrar que são governadas por uma Lei, criadas por uma Mente e formadas de uma só Vida e Substância. Cada folha de uma árvore é parte de toda a árvore e compartilha de toda a substância, vive a vida de toda a árvore.

Porém, onde forma seu *ponto de contato* com essa Vida e Substância? Nunca por fora, nunca por uma relação externa com outra planta, mas sempre de *dentro de seu próprio pedúnculo* – o pequeno canal que a liga à planta toda! Assim também devereis encontrar um ponto semelhante de contato com a Vida e Substância ilimitadas. Devereis encontrá-lo *dentro de vós mesmo*, naquele mesmo canal de vida que constitui o começo de vossa expressão – o "lugar secreto" do contato íntimo com o "Altíssimo", onde a vossa consciência diz: "EU SOU". Neste ponto, não só tocais em Deus ou na Vida ilimitada, mas também em toda a criação que brota dessa Vida e vive dentro dela. Nesse lugar sois verdadeiramente uno com todos os outros homens como sois uno com Deus, pois nesse lugar todos os homens têm seu "começo": Deus. (Gênese, 1:1).

O Salmista vos apresenta essa verdade na sua palavra de direção: *"Acalma-te – e sabe – que sou Deus."*

Em momentos de necessidade, acalmai vosso corpo, dirigi vossa consciência para o íntimo, onde todas as coisas começam a existir pelo conhecimento do EU SOU: Deus.

Paulo chegou a esse conhecimento e vos deixou sua palavra para guiar-vos em estabelecerdes o ponto de contato. "Pois, n'Ele vivemos, nos movemos e temos nossa existência", disse o apóstolo, lembrando-vos que estais rodeado desse oceano de vida, e, para relacionar-vos com ele na forma verdadeira, acrescenta: "Pois também *somos seus filhos*" e devereis conhecê-lo melhor no ponto em que partimos dele. Isso é esclarecido ainda nas palavras em que diz que devereis procurar o Senhor para vos sentirdes felizmente como ele e para descobri-lo, afirmando que "não está longe de cada um de vós". (Atos dos Apóstolos, 17: 27-28).

Jesus compreendeu claramente esta relação com o Pai, assim como que o Pai era a Vida e Poder em que sempre poderia confiar e de que poderia receber livremente. "Eu e o Pai somos um", estabeleceu decididamente (João, 10: 20). E então, tendo declarado que o ponto de contato com o Pai era o seu "EU", ensinou que, para um efeito, o conhecimento de sua Causa era a coisa mais essencial. "O Pai é maior que EU". (João, 14: 28).

Sabendo isso, antes de ensiná-lo, ouviu ao Pai, procurando as montanhas para momentos de solidão e meditação. "Como ouço, assim falo", afirmou ele e, referindo-se ao modo de fazerdes vossa prece, preveniu-vos: "Entrai no secreto e fechai a porta", a fim de que vosso ponto de contato não deixasse de ser íntimo e estivesse inteiramente livre das intrusões externas. Ao procurardes a Deus, as portas de vosso corpo, vossa mente e vossa alma deverão ser fechadas a todas as coisas externas, pois é somente dessa forma que podereis conhecer o EU SOU — não procurando ser senão apenas ENTE.

Este conhecimento elevará vossa vida acima de todo peso, expulsará toda obstrução, dissolverá todos os mistérios, romperá todas as limitações, eliminará toda pobreza, afastará toda inimizade e curará todas as moléstias. Nesse ponto de contato com a Vida, *tereis vencido todas as coisas* e alcançado o *lugar secreto de que tudo vem*. Nele sabereis que *vossa vida é a Vida de tudo:* o Espírito.

Está em vossas mãos serdes aceito ou rejeitado. Podereis abrir vossa alma a ela ou fechar a entrada. Podereis viver a Vida ilimitada, se o quiserdes, ou podereis descer aos planos inferiores de consciência e experimentar novamente a vida limitada.

Quão admirável seria se, estabelecido o ponto de contato, pudésseis conservá-lo sempre! A revelação é a seguinte: "Eis que faço novas todas as coisas... Àquele que tem sede e está preparado para recebê-la, eu lhe darei a beber gratuitamente da fonte da água da vida." (Apocalipse, 21: 5-6).

Exatamente dentro de vós está sempre a Vida que procurais e desejais ter! Brota dentro de vós como uma fonte, e para poderdes tê-la em estado ilimitado, espera apenas que não a limiteis!

Todo o bem que se acha em vosso *íntimo* almeja a ser expresso no *exterior*, porém, se não for libertado por *vós*, não poderá produzir o resultado que desejais, pois terá de sair de dentro de vós mesmo.

Não podeis admirar-vos de que Paulo tenha dito: "Se viverdes no Espírito", ou tiverdes estabelecido vosso ponto de contato com a Vida, podereis provar que é ilimitada em tudo o que pensardes, disserdes e fizerdes.

A MENTALIDADE CRÍSTICA NOS NEGÓCIOS

O maior dos Mestres das Finanças que viveu na terra, delineou para o jovem governador que foi consultá-lo o processo pelo qual podia multiplicar centenas de vezes seus haveres e ter longa vida para gozá-los; porém, o jovem se afastou contrariado, sendo incapaz de compreender aquilo que, sob esse ponto de vista, lhe parecia tão imprático. Entretanto, o processo era perfeito e a recompensa prometida seria infalível.

A oferta persiste ainda hoje e o mundo comercial, cansado de suas dificuldades, já está a ponto de escutar e aceitar. Efetivamente, alguns já estão escutando, aprendendo, por meio da prova atual, que o método do Nazareno é prático, e que aquele que foi considerado um sonhador pelo mundo (que está adormecido com os sentidos embotados pela materialidade), tinha realmente a mensagem mais profunda e prática para o mundo, a qual, aplicada, prova que é tudo o que o autor lhe atribui.

O mundo comercial acha-se adoentado, da mesma forma que o comerciante, que o estabeleceu, está aborrecido da luta, cansado das desilusões, faminto de coisas melhores e desejoso de algum plano que salve a situação, de algum método pelo qual possa ser libertado dos laços da escravidão financeira em que se encontra.

Todas as moléstias são resultado da desobediência à lei, — da inversão da lei da vida e isso é tão verdadeiro para o plano dos negócios como para o corpo afligido pelo sofrimento. O remédio é sempre o mesmo em ambos os casos, — adaptação à lei, pois o influxo de vida que resulta dela, restabelecerá a saúde, a harmonia e a perfeição.

Há quase dois mil anos, esse Mestre aconselhou o mundo e deu-lhe a chave da saúde, reajustamento, riqueza e felicidade, porém o mundo não podia ouvi-lo. O método era demasiado simples e livre de complicações para que o intelectualismo o compreendesse. Só um intelecto cansado e desconcertado pelo seu próprio insucesso, procuraria contemplar a simplicidade e ver sua racionalidade.

O homem esqueceu-se do fato que, como parte de uma grande expressão da Natureza, seu desenvolvimento e crescimento se opera por meio do processo natural dessa expressão de que é parte, e que a lei que governa toda a manifestação que regula toda a parte em seus menores detalhes, o próprio homem e cada parte de seu corpo estando incluídos, seja mental, física ou financeira. Não reconhecendo isso, viveu de modo contrário à lei de harmonia e envolveu-se em interminável desarmonia.

Para vencer essa desarmonia e estabelecer a verdadeira compreensão das coisas na consciência da humanidade, o Mestre levou a multidão para a montanha e descobriu-lhe grandes princípios de vida para que observassem. Falou-lhe sobre o tesouro no céu, tesouro que francamente localizou dentro de cada um e que, se fosse "guardado" ou feito parte da consciência de cada qual, seria uma riqueza que não se enferrujaria nem apodreceria. A tola humanidade escutou e, pensando apenas num céu das nuvens, em que uma harpa a esperava após a morte, não desejando, entretanto, a morte nem a harpa, mas sim almejando as coisas da terra, pôs-se, pela sua falsa concepção, *a formar a morte,* que não desejava, e *perdeu o próprio tesouro terrestre* que desejava! Não ouviu com clareza, isto é, não compreendeu o que ouviu, deixando de *observar a lei* que produziria tudo o que faria de sua habitação terrestre uma delícia. Somente à proporção que o homem cumprir a lei, poderá esta dar-lhe seu cumprimento ou resultado.

"Compreendei as leis da mente", disse o Mestre, como interpreto para parafrasear e esclarecer o sentido. Tudo cresce de dentro, da mesma forma que os lírios; portanto, observai-os e considerai como crescem. Constroem a terra informe na forma que idealizam e se vestem e alimentam pela sua própria expressão. Não procuram possuir, não fiam, nem tecem. *Desenvolvem* o que está *dentro de si mesmos*, conservando suas raízes na substância inesgotável. Fazei a mesma coisa. Não penseis no amanhã, pois, ao entrardes em contato com o Deus interno (a fonte principal ou Espírito Criador), e viverdes a vida de sua retidão (ou uso reto), tudo vos *será acrescentado*, pois sereis o *produto dele*. Em seguida, para acrescentar um pensamento necessário para fundamento dessa mesma paráfrase, dir-vos-ei: "Conservai vosso olho puro; concentrai-vos na Causa, enterrai as raízes de vosso pensamento profundamente no Espírito (Deus em vosso íntimo), pois, se concentrardes vosso pensamento no exterior, procurando as coisas, sereis como uma planta procurando crescer com suas raízes no ar. Será capaz de *construir a substância em fruto* apenas na proporção em que suas raízes se prendem ao lugar em que *há substância*. Do mesmo modo, devereis construir as *coisas do Espírito* na forma e só podereis fazer assim ao pensardes do *Espírito* para a forma, pois o pensamento objetiva o Espírito. Se quiserdes coisas formadas, devereis construí-las do modo correto. Deixardes de fazê-lo, prejudicaria vossa aspiração, pois não as conseguiríeis, se assim procedêsseis. Conservai, pois, vossos olhos puros, para que todo o vosso corpo fique cheio de luz. A duplicidade de consciência não poderá formar a vossa perfeição. Não podereis servir a dois senhores nem tomar dois caminhos ao mesmo tempo. Não podereis desenvolver-vos de dentro e de fora ao mesmo tempo. Voltai-vos para vosso centro criador – Deus dentro de vós – e construí do Espírito, pela mente, em forma perfeita."

Assim falou em substância o Mestre, embora não exatamente com essas palavras.

O Antigo Testamento refere a mesma história, o profeta Jeremias descrevendo muito claramente o processo:

"Maldito é o homem que confia no homem e põe a carne por seu braço e cujo coração (pensamento íntimo) se desvia de Deus. Porque será como o juníparo no deserto, e não verá quando vier o bem; mas habitará nos lugares áridos do ermo, numa terra de salsugem e despovoada. Bendito é o homem que confia em Deus, e de quem Deus é a confiança. Porque será como a árvore plantada junto às águas, que estende as suas raízes à margem de um ribeiro; não temerá quando vier o calor, mas a sua folha será verde; no ano da seca não andará cuidadoso, nem deixará de dar fruto." (Jeremias, 17:5-9).

O comerciante que tem apenas a consciência mundana, iludido pela sua falta de compreensão, observa o "tempo de calor" e "toma cuidado com os anos de seca e assim deixará de obter frutos "nos tempos difíceis", como costumam dizer.

Está na possibilidade do comerciante melhorar os tempos, pois o homem cria pelos seus próprios pensamentos tudo aquilo em que se acha envolvido. O mundo comercial é designado o "lugar maldito". Dizem que o "diabo preside ao centro do comércio". O próprio comerciante é apelidado "cabeçudo e teimoso" e ele aceita isso como um cumprimento. Fala de seus métodos práticos e da sua "economia". Tudo isso tornou-se difícil à sua carreira e encheu-a de preocupações. As coisas nascem de conformidade com a sua concepção. Podem as coisas difíceis ser concebidas sem se manifestarem? Certamente não. Elas surgem e se desenvolvem como inevitáveis e iniludíveis conseqüências da lei. Dais nascimento ao que concebeis mentalmente de um modo tão real como colheis o fruto do que semeais.

A mesma lei que produz as condições difíceis criará as fáceis — se concebedes um caminho fácil. É o caminho do Amor, o caminho fácil de que falou o Mestre. Ele oferece não só a condição perfeita, mas também a lei que a aperfeiçoa. O Amor é um fermento:

vivifica, aumenta e manifesta, expressa a vida e a concede. Harmoniza todas as condições, aplaina todos os caminhos. É generoso, deposita confiança e crédito. Paga bem os serviços. Dá boa medida e *produz artigos de qualidade*, pois o amor considera aquele que deveri usá-los.

Assim, pois, aquele que comercia com a consciência de amor está no comércio de fazer o bem e como poderá deixar de fazer *bons negócios*? Tudo produz de acordo com a sua espécie. Semelhante produz semelhante.

Se estivésseis num mundo comercial feliz e harmonioso, em que reinasse o espírito de generosidade, no qual a confiança e o crédito se entendessem, em que fôsseis bem pago e recebêsseis boa medida, e onde pudésseis comprar somente artigos superiores, não julgaríeis que o comércio era uma boa coisa? Não vereis a maldição levantada do mundo comercial? Não seria ele um lugar mais seguro e feliz para todos, se reinassem essas condições? Que é que pode produzir essas condições? O Amor. Quem poderá amar? Vós todos! Todos podeis introduzir o amor no mundo comercial, e se ousardes fazê-lo, lucrareis muito com isso, pois essa lei nunca falha. Embora milhares ao vosso lado desobedeçam a lei, ela se cumprirá para vós, pois, como disse o Mestre: "Na proporção em que derdes, recebereis; com a medida com que medirdes, vos será medido." A lei é perfeita. "Tudo produz conforme sua espécie, e como um homem semeia, assim virá a colher."

Tais são os princípios que deverão guiar o espiritualista sincero no campo de suas atividades comerciais e mundanas, para realizar a vontade do Pai e obter os resultados prometidos.

Leia também:

HEI DE VENCER

Arthur Riedel

> Neste livro, ARTHUR RIEDEL, verdadeiro professor de otimismo, expõe, em linguagem clara e atraente, uma filosofia prática de vida baseada na auto-sugestão mental e no desenvolvimento da vontade. Trata-se de um livro que se dirige particularmente a todos quantos ainda não se encontraram ou não acharam a paz interior necessária a uma existência calma e venturosa. HEI DE VENCER ensina seus leitores a cultivarem uma imaginação positiva, que os capacite a obter na vida aqueles triunfos de ordem espiritual e material que antes lhes pareciam impossíveis de alcançar.

EDITORA PENSAMENTO

ALEGRIA E TRIUNFO

Eis um livro que apresenta verdadeiras receitas contra a angústia, o medo, a incerteza, a falta de confiança própria e outros obstáculos que, somados, resultam no "atraso de vida".

Nele não encontrará o leitor nenhum ritual cabalístico ou fórmula misteriosa, de difícil enunciação, mas simplesmente os meios de despertar em seu íntimo as poderosas forças do Eu Superior ou seu Cristo Interno.

Com efeito, desde a leitura de suas primeiras páginas, sentimo-nos animados daquela *fé dinâmica*, que tantos prodígios tem realizado no mundo.

Fugindo ao processo adotado pela maioria dos tratadistas da matéria em questão, o autor procurou demonstrar como devemos aplicar a Fé em nossa vida prática, citando centenas de animadores exemplos, em que a alegria e o triunfo voltaram a brilhar na vida dos desesperados e necessitados.

"O vosso Eu Sou, ou Cristo Interno, é o vosso deus pessoal ou a partícula divina em vós, *a qual tem todas as qualidades de Deus e todos os poderes para realizar as vossas aspirações*, desde que não sejam prejudiciais às dos outros."

Baseados neste princípio citado pelo autor, repetindo as *afirmações especiais* oferecidas para casos de urgência, sentimos tamanha convicção da existência do *poder interno* que possuímos, que dificilmente voltaremos a ser dominados pelos nossos piores inimigos: a angústia, o ódio, o ressentimento, o temor das dívidas e outras torturas que, em geral, acabrunham a maior parte da Humanidade.

Como os pensamentos negativos abatem o nosso sistema nervoso, prejudicando a nossa saúde física e moral, notarão os que seguirem os conselhos e os contagiantes exemplos apontados no livro que, ao cabo de pouco tempo, estarão com boa disposição mental e saúde normal.

"*É vontade de Deus que prospereis e vivais na abundância de tudo o que é bom e desejável.*"

Ora, mantendo viva essa afirmação em nosso espírito, fortalecemos o nosso subconsciente e passamos a repelir a idéia de que viemos a este mundo para cumprirmos uma "provação" de miséria, fome, pobreza...

Deus nos vê como seres perfeitos, *criados à sua imagem e semelhança*, possuindo poder e domínio.

Essa é a perfeita idéia de nossa entidade, registrada na Mente Divina, à espera do nosso reconhecimento, pois só poderemos manifestar o que a nossa mente puder ver que somos e alcançarmos *aquilo que ela nos vê alcançando*.

Portanto, mediante a disciplina da imaginação e os esplendores da Fé Dinâmica, tão bem apresentada neste livro, terá o leitor a chave da sua alegria e seu triunfo!

Ilustrado com inúmeros exemplos de difíceis problemas, que encontraram rápida solução *através da força interna que possuímos*, o livro apresenta ao leitor muitos casos que lhe dizem respeito, como também aos seus familiares e amigos, apontando-lhes uma saída salvadora.

É o que a todos desejamos, para que doravante possam viver com alegria e triunfo!

EDITORA PENSAMENTO

MATURIDADE PSICOLÓGICA

Angela Maria La Sala Batà

Angela Maria La Sala Batà, de quem a Editora Pensamento vem cuidando de lançar uma série de títulos até agora desconhecidos de muitos leitores brasileiros, formou-se no ambiente da Escola Arcana de Alice A. Bailey e na atmosfera de pesquisa psicológica criada por Roberto Assagioli. Além dos vários trabalhos de Psicologia Espiritual, Angela Maria La Sala Batà tem contribuído com ensinamentos esotéricos aplicados à terapia dos desajustamentos psíquicos. Neste volume, inteligentemente denominado *Maturidade Psicológica*, lembra a Autora que os membros mais perigosos da nossa sociedade são aqueles adultos cuja atitude mais freqüente caracteriza-se pela efetiva autoridade de adultos e por motivos e reações infantis. Com isso, a Autora dá ao volume seu tom predominante, o qual, por certo, irá orientar a plena atenção do leitor: o descompasso entre as várias funções anímicas que, se bem trabalhadas, fariam dos indivíduos em geral pessoas muito mais criativas e, sem sombra de dúvida, muito pouco sorumbáticas. Depois de lembrar que não existe maturação plena que não tenha sido precedida de *crise*, a Autora arremata com um fecho de ouro: "Uma das crises mais típicas do desenvolvimento interior, e provavelmente uma das mais decisivas da vida humana, porque assinala o início da ascensão consciente, é a crise da passagem do chamado homem "comum" para o nível do homem ideal, ou seja, do homem que procura a verdade e quer progredir."

EDITORA PENSAMENTO

SOMOS AMOR

Darío Lostado

Darío Lostado, autor de grande sucesso em várias línguas, escreve de um modo simples, espontâneo, como se estivesse conversando com o leitor. Ele próprio declara: "Sempre fui e continuo sendo contrário à esquematização do que pretendo escrever. Talvez isso se deva a uma repulsa natural por tudo o que é estereotipado e preestabelecido."

"Um estilo e uma linguagem rebuscados para expressar o que estou sentindo me parece ser o mesmo que colorir a água pura e cristalina da fonte para que ela pareça mais atraente e aceitável. (...) Pretendo dizer as coisas com a naturalidade com que uma criança pequena fala com sua mãe, sem usar de artifícios. Espero que o que digo aqui possa ser entendido por todos."

E continua: "O título deste volume é uma afirmação contundente: *Somos Amor*. No entanto, mais do que os argumentos que podemos usar para provar isso, o que nos leva à intuição e à prova dessa verdade é vê-la e senti-la por nós mesmos. Eu apenas quero mostrar o caminho para que cada um o veja por si mesmo."

E conclui: "Por isso (...) eu gostaria que estas páginas o ajudassem a ser livre para pensar, ler, ouvir, sentir e agir. Seja livre, sendo você mesmo sempre e em tudo. Então verá e chegará à experiência direta, por você mesmo, de que você é todo amor, mesmo que às vezes sinta o peso do desamor em seus ossos."

* * *

Assim, de uma forma vibrante, como todo ser inspirado que transmite fé e esperança, Darío Lostado nos faz participantes de uma Verdade poderosíssima que deve ser vivida com toda a mente, com todo o coração e com a máxima força da nossa alma.

Obras do autor publicadas pela Editora Pensamento:
Viver como Pessoa   Ser Algo... ou Ser Alguém
Antes de Tudo – Amar
Minha Voz Interior me Diz...
A Verdade Está Dentro de Você

EDITORA PENSAMENTO

GRÁFICA PAYM
Tel. (11) 4392-3344
paym@terra.com.br

Agradeço aos irmãos que me acolheram nos dias mais intensos de redação desse texto: Francinara, Adriana, Lívia, Dayane, Crisineide, Neto, Beto Filho e Buênia.

"O Senhor chamou-me desde meu nascimento, ainda no seio de minha mãe, ele pronunciou meu nome. Tornou minha boca semelhante a uma espada afiada, cobriu-me com a sombra de sua mão. Fez de mim uma flecha penetrante, guardou-me em sua aljava".

(Is 49,1b-2)